Ver a Terra

Coleção Estudos
Dirigida por J. Guinsburg

Equipe de realização – Edição de texto: Marcio Honorio de Godoy; Revisão de
provas: Lilian Miyoko Kumai; Sobrecapa: Sergio Kon; Produção: Ricardo Neves e
Sergio Kon.

Jean-Marc Besse

Tradução: Vladimir Bartalini

VER A TERRA
SEIS ENSAIOS SOBRE A PAISAGEM E A GEOGRAFIA

Título do original em francês:
Voir la terre

Copyright © Actes Sud / ENSP / Centre du Paysage, 2000.

Dados Internacionais de Catalogação na Publicação (CIP)
(Câmara Brasileira do Livro, SP, Brasil)

Besse, Jean-Marc
    Ver a terra : seis ensaios sobre a paisagem e a geografia /
Jean-Marc Besse ; tradução Vladimir Bartalini. – São Paulo :
Perspectiva, 2014. – (Coleção estudos ; 230 / dirigida por J.
Guinsburg)

    1. reimp. da 1. ed. 2006

    Título original: Voir la terre.
    ISBN 978-85-273-0755-3

    1. Paisagem na arte 2. Paisagem na literatura
I. Guinsburg, J. II. Título. III. Série.

06-2636   CDD-809.9332

Índices para catálogo sistemático:

1. Paisagem na literatura   809.9332

1ª edição, 1ª. reimpressão
[PPD]

Direitos reservados em língua portuguesa à
EDITORA PERSPECTIVA LTDA.

Av. Brigadeiro Luís Antônio, 3025
01401-000 São Paulo SP Brasil
Telefax: (011) 3885-8388
www.editoraperspectiva.com.br

2019

Sumário

PREFÁCIO VII

1. PETRARCA NA MONTANHA: OS TORMENTOS DA ALMA
   DESLOCADA 1

   Petrarca: Uma Modernidade Ambígua 1
   A Paisagem e o Problema da Vontade 4
   Os Olhos, o Espaço e a Vida da Alma 10

2. A TERRA COMO PAISAGEM: BRUEGHEL E A GEOGRAFIA 17

   Paisagem e Corografia 20
   A Paisagem como Teatro do Mundo 23

3. VAPORES NO CÉU. A PAISAGEM ITALIANA NA VIAGEM
   DE GOETHE 43

VI VER A TERRA

4. A Fisionomia da Paisagem, de Alexander von Humboldt a Paul Vidal de La Blache 61

A Paisagem, Além da Estética 61
A Paisagem dos Geógrafos: a Fisionomia do Espaço
Terrestre 65

5. Entre Geografia e Paisagem, a Fenomenologia 75

Geografia, Paisagem e Fenomenologia 75
A Paisagem em Erwin Straus, ou Além da Geografia 78
A Terra e a Habitação Humana: a Geografia
Fenomenológica Segundo Éric Dardel 82

6. Nas Dobras do Mundo. Paisagem e Filosofia Segundo
Péguy 97

Prefácio

Como se via a Terra ao andar por estes caminhos[1]?

JULIEN GRACQ

Os ensaios que se seguem, embora evoquem situações e autores muito diversos (Petrarca, Goethe, a geografia, a pintura, a fenomenologia...), reúnem-se em torno de uma única questão, que constitui, por assim dizer, a coerência interna deste livro. Esta questão, porém, é menos dirigida à paisagem do que colocada a partir dela, suscitada pela experiência vívida que se faz dela, assim como pelas diversas representações artísticas, científicas ou espirituais, das quais ela é objeto. Em outros termos, o interesse e o desafio que pode representar uma leitura da carta na qual Petrarca evoca sua subida ao monte Ventoux, do relato de Goethe de sua vigem à Itália, ou da descrição da paisagem francesa por Vidal de La Blache, repousa essencialmente no fato deste deparar-se efetivo com a paisagem aparecer como a verificação ou ainda a subversão de uma expectativa perceptiva, de uma categoria do pensamento, ou de um hábito de escrita. Não são esses autores que colocam questões à paisagem, ao contrário, eles próprios são interrogados, postos em movimento, afetados pela paisagem. Mais ainda: eles são atravessados pela questão que, silenciosamente (mas nem sempre), a paisagem coloca. Que questão é esta?

---

1. J. Gracq, *Carnets du grand chemin*. Paris: José Corti, 1992, p. 185.

VIII   VER A TERRA

Um artista da Idade Média não teria sonhado em fazer estudos de
paisagens, diz Yves Bonnefoy:

> Não se representa o particular quando se tem a felicidade do universal, não há
> porque se deter aos fatos do acaso quando o possível, e também o obrigatório, é ce-
> lebrar o que os transcende. A paisagem começa na arte com as primeiras angústias da
> consciência metafísica, aquela que se inquieta de repente com a sombra que se mexe
> sob as coisas[2].

Mas há mais do que uma inquietação. Há uma violência da paisagem. Georg Simmel circunscreve esta violência na experiência de
ser arrancado do sentimento de pertencer a um Todo (o sentimento da
grande natureza), que acompanha inevitavelmente a individualiza-
ção das formas da vida na cultura das sociedades modernas. Segundo
Simmel, esta "tragédia", constitutiva ao mesmo tempo da paisagem e
da modernidade, exprime-se no fato de "a parte de um todo" tornar-se
por sua vez "um conjunto independente, que se desprende do precedente e reivindica seu direito em relação a ele"[3]. A paisagem significa
originalmente a restrição do mundo visível ao campo visual que se
abre a partir deste recorte primordial. O sentimento de pertencer à
generosa presença daquilo que é, é substituído então por uma contemplação à distância do mundo. Não é isso que diz Hölderlin? "Eu
aprendi perfeitamente a me distinguir daquilo que me circunda: e eis
que estou isolado na beleza do mundo"[4].

Esta violência muda não constitui, no entanto, a significação última da paisagem. Ao contrário, é preciso considerar a tomada desta
distância repentina frente ao mundo como a condição de uma nova possibilidade da existência humana e, mais precisamente, de uma nova face
das relações do homem com o Todo. Porque a paisagem não é somente
uma entidade fechada em si mesma. No interior dessa clausura, a questão das relações com uma realidade mais vasta permanece.

> Constantemente, *sublinha Simmel*, os limites autotraçados de cada paisagem são
> desfeitos e dissolvidos por este sentimento (*o do Todo ou do Uno*), e a paisagem, arran-
> cada violentamente, tornada autônoma, é então atormentada pela obscura presciência
> deste contexto infinito[5].

A paisagem é atormentada pelo infinito, e talvez, no fundo, esta
insistência, esta presença transbordante do infinito no finito, seja a
força mais íntima da experiência paisagística.

2. Y. Bonnefoy, Le peintre dont l'ombre est le voyageur, *Rue Traversière et autres
récits en rêve*. Paris: Gallimard, 1992, p.162.
3. G. Simmel, Philosofie du paysage. *La Tragédie de la culture*. Paris: Rivages,
1988, p. 232.
4. F. Hölderlin, *Hyperion ou l'Ermite de Grèce*, Paris: Mercure de France, 1965, p.16.
5. G.Simmel, op.cit., p. 231.

PREFÁCIO IX

Seja numa planície monótona de amplo horizonte, *diz Alexandre von Humboldt*, onde plantas de uma mesma espécie (urzes, cistáceas, gramíneas) cobrem o solo, seja onde as ondas do mar banham a costa e fazem reconhecer seus traços pelas estrias verdejantes de *ulvas* e de conjuntos de algas flutuantes, o sentimento da natureza, grande e livre, arrebata nossa alma e nos revela, como por uma misteriosa inspiração, que existem leis que regulam as forças do universo. [...] O que essas impressões [...] têm de grave e de solene, elas o apreendem do pressentimento da ordem e das leis, que nasce sem nosso consentimento, ao simples contato com a natureza; elas o apreendem do contraste que oferecem os limites estreitos do nosso ser com essa imagem de infinito que se revela em toda parte, na abóbada estrelada do céu, numa planície que se estende a perder de vista, no horizonte brumoso do oceano[6].

Mas esse pressentimento de uma relação com uma extensão e um movimento "infinitamente mais vastos"[7], que se dá na essência mesma de um olhar às vezes momentâneo, a paisagem o exprime de várias maneiras. Há em primeiro lugar esta parte invisível do espaço, que bordeja e extravasa constantemente o visível, e lembra o quanto a paisagem delimita um mundo e insinua em suas margens a presença de uma vida tumultuosa. Depois há o horizonte, as lonjuras, como sinal e anúncio de uma promessa, um apelo. Mas também, mais perto, os traços do mundo que se disfarçam sob o olhar, como um convite a explorar todos os detalhes, todas as dobras do visível, numa espécie de viagem interminável. Todos os pontos do espaço, as margens, os centros, o longe e o perto marcam essa insistência do infinito no finito que *trabalha* no interior da paisagem e a define.

Os ensaios que compõem este livro tentarão seguir o desenvolvimento desta dialética. Ela se exprimirá sob diferentes formas: literária, filosófica, artística e também científica. Ela tomará nomes diferentes: a curiosidade, a conversão, a intuição, o símbolo, a fisionomia, a presença... No entanto, sempre se tentará perceber e pensar um único problema, que poderia finalmente ser formulado assim: como é possível habitar o espaço? O que é uma vida que toma a forma do espaço, e o que ela deve fazer para não se perder nele?

6. A. von Humboldt, *Cosmos. Essai d'une description physique du monde*, Paris: Gide, 1846, p. 4.
7. G. Simmel, op.cit., p. 230.

1. Petrarca na Montanha: Os Tormentos da Alma Deslocada[1]

Enfim, experimentei quase tudo e em nenhum lugar encontrei repouso[2].

PETRARCA

PETRARCA: UMA MODERNIDADE AMBÍGUA

Os historiadores da paisagem há tempos atribuem à carta na qual Petrarca faz o relato de sua ascensão ao monte Ventoux um valor inaugural. Com efeito, Petrarca, decidindo escalar a montanha para simplesmente fruir da vista que pode ser desfrutada do seu cimo[3], teria sido o primeiro a encontrar a fórmula da experiência paisagística no sentido próprio do termo: a da contemplação desinteressada, do alto,

1. Este ensaio apareceu sob uma outra versão na *Revue des sciences humaines*, maio, 2000.

2. Petrarca, *Lettres familières*, I, 1, trad. fr., C. Carraud, Jérôme Millon: Grenoble, 1998, p. 19.

3. "Altissimum regionis huius montem, quem non immerito Ventosum vocant, hodierno die, sola videndi insignem loci altitudinem culpiditate ductus, ascendi" (Hoje, movido pelo simples desejo de ver um lugar reputado por sua altura, subi um monte, o mais elevado da região, denominado, não sem razão, Ventoux). Petrarca, *Lettres familières*, IV, 1, tradução de D. Montebello, Séquences: Reze, 1990, p. 27. Para o latim, utilizo a edição da carta apresentada por M. Fórmica e M. Jakob, "La Lettera Del Ventoso", Tarara: Verbania, 1996. O presente estudo se apoia nos trabalhos de H. Baron, G. Billanovich, P. Courcelle, R. M. Durling, T. Greene, D. e R. Groh, B. Martinelli, A. Tripet.

2 VER A TERRA

do mundo natural aberto ao olhar. Nisto residiria a "modernidade" do poeta e moralista italiano, do ponto de vista da história das concepções da natureza, bem como das relações práticas que o homem mantém com o mundo visível. Segundo esta tradição de interpretação, fixada no século XIX por Jacob Burckhardt, Petrarca teria posto em evidência, melhor que outros, a postura moderna do olhar direto sobre o mundo, aquela da secularização da curiosidade, voltando, por assim dizer, à autópsia da natureza, um olhar até então dirigido aos livros. Mais ainda, afirmando, como ele de certa maneira fez no começo de sua carta a respeito das opiniões de Tito Lívio e de Pomponius Mela, o caráter decisivo da experiência pessoal na determinação da verdade geográfica, Petrarca ilustraria de maneira exemplar a transgressão constitutiva da modernidade em relação à Idade Média. Ele "viu a natureza por ele mesmo", diz Burckhardt. Nisto ele pode ser comparado aos cosmógrafos de seu tempo, cujos olhos exercitados foram testemunhas atentas das realidades terrestres que eles percorreram em incessantes viagens.

Esta modernidade de Petrarca se apresenta, no entanto, sob uma luz complexa. Como Joachim Ritter destacou, numa análise em todos os sentidos fundadora, o vocabulário com que o poeta apresenta o significado de sua empresa e procura garantir-lhe uma espécie de exemplaridade espiritual ("impulso da alma do corporal ao espiritual pela abertura de si mesma a Deus, livre contemplação da natureza num movimento interior da alma tendendo à felicidade") deriva inteiramente de uma tradição "filosófica", a da *theoria tou Kosmou*, da contemplação da ordem divina do mundo a partir de um ponto elevado.

As definições que Petrarca toma emprestado da tradição filosófica da teoria serão desde então constitutivas da relação estética com a natureza considerada como paisagem. Neste sentido, a ascensão do monte Ventoux marca uma data. A natureza, a paisagem, são o fruto e o produto do espírito teórico[4].

Em outros termos, a paisagem prolonga, na aparência sensível, o antigo cosmos. A experiência paisagística reconduz e veicula, no plano da estética, a densidade espiritual de uma situação filosófica. Petrarca, neste sentido, é tanto herdeiro quanto inovador, e a "transgressão" da qual ele teria sido o herói parece se efetuar segundo um código fixado há muito na ordem da vida espiritual.

A começar pela escolha que consiste em fazer de uma montanha o quadro da busca de si mesmo. Certamente, a ascensão é uma transgressão, como Petrarca logo deixa claro ao invocar a figura de

4. J. Ritter, Le paysage. Fonction de l'esthétique dans la societé moderne, tradução de G. Raulet, *Argile*, 16, 1978, p.29.

PETRARCA NA MONTANHA: OS TORMENTOS DA ALMA DESLOCADA   3

um pastor para tentar persuadir os jovens escaladores a abandonar a aventura. No entanto, quando Petrarca desconsidera a advertência e se engaja pelos caminhos perigosos que conduzem ao alto, ele tem consciência de fazer o leitor penetrar, alegoricamente, num outro espaço, o de uma experiência espiritual que pressupõe a transgressão: o deserto. A montanha é uma figura do deserto, ou seja, daquele "Além absoluto" (Paul Zumthor) onde a meditação cristã colocou, há tempo, a dramaturgia da saúde da alma e das tentações contra as quais ela decide lutar, voltando as costas ao mundo e à sua urbanidade. O monte Ventoux é, da mesma maneira, para Petrarca, o deserto onde ele vai, num primeiro momento, desenhar os caminhos e os desvios do seu tormento psíquico.

De fato, é justamente nas categorias mais antigas da ascese espiritual que Petrarca interpreta alegoricamente, na primeira parte de sua carta, as dificuldades de sua ascensão. Elas são reais e propriamente físicas, mas elas são também subjetivas. A montanha é alta, o caminho difícil, e fraca a vontade do poeta. Enquanto seu irmão Gherardo toma o caminho difícil, mas reto, que o conduz diretamente ao alto, Petrarca, assim que o reconhece, tenta retardar a provação da subida, procurando veredas mais favoráveis na aparência, mas que, no final das contas, só o conduzem a vagueações e provações suplementares. Só depois de longos desvios ele atingirá seu objetivo. O sentido moral de sua atitude se impõe imediatamente a Petrarca: as dificuldades que ele encontra na ascensão física são a imagem das fraquezas de sua resolução espiritual na sua busca da felicidade.

> O que tentastes tantas vezes hoje ao escalar esta montanha se repetirá, para ti e para tantos outros que querem atingir a beatitude [...]. A vida que nós chamamos feliz ocupa as alturas e, como diz o provérbio, estreito é o caminho que a ela conduz. Numerosos também são os desfiladeiros que é preciso passar e do mesmo modo devemos avançar por degraus, de virtude em virtude; no alto está o fim de todas as coisas, o objetivo para o qual dirigimos nossos passos. [...] O que te detém? Nada, evidentemente, a não ser o caminho mais plano que passa pelos baixos prazeres terrestres e que parece, à primeira vista, mais fácil; mas quando tiveres divagado bastante, será necessário que subas para o cimo da beatitude, penando sob o peso de um cansaço equivocadamente adiado, ou então cair de esgotamento nos vales dos teus pecados[5].

O *Secretum*, escrito aproximadamente na mesma época da carta que nos ocupa aqui, formula de maneira mais concisa o desafio da situação psicológica e moral na qual se encontra Petrarca: "Quer-se ao mesmo tempo subir e permanecer embaixo, e, puxado em sentidos contrários, não se chega a nada"[6].

---

5. Petrarca, op. cit., p. 33 e s.
6. Petrarca, *Mon secret*, trad. fr., Paris: Rivages, 1989, p. 51.

A PAISAGEM E O PROBLEMA DA VONTADE

A questão é a da autenticidade de uma vontade, tanto para as coisas do corpo quanto para aquelas do espírito. Não se trata de simplesmente querer. É preciso querer querer, e Petrarca não consegue se elevar a esta segunda exigência, que marcaria uma decisão verdadeira. A carta que relata a ascensão ao monte Ventoux desdobra os tormentos da sua irresolução. A montanha, como bem diz Nicholas Mann, é para Petrarca "a imagem dos seus desejos, de suas aspirações e da consciência aguda de suas próprias fraquezas psicológicas e morais"[7]. Quando o poeta nela instala o relato de sua experiência espiritual, faz dela o espaço dessa tensão em direção a uma autenticidade moral pela qual ele não consegue justamente se decidir. É preciso entender esta carta como uma meditação sobre a vontade e, sobretudo, sobre as condições do seu exercício. Pode-se, mais precisamente, considerar a carta do Ventoux como a exibição (e a condenação) das diversas estratégias pelas quais Petrarca retarda o momento do retorno a si próprio. Esta estrutura tem um nome: acídia.

No *Secretum*, Petrarca faz da acídia a característica principal de sua vida psíquica[8]. Ele designa por este nome o efeito de uma incapacidade de querer, de uma indolência ou de uma preguiça que o impedem de prolongar sua vontade em verdadeira ação. A acídia seria o sentimento de tristeza próprio daquele que sabe muito bem o que tem que fazer, que conhece o obstáculo que o impede de cumpri-lo, mas que, no entanto, não faz nada de decisivo para sair dessa situação, e multiplica os desvios e as falsas razões pelas quais ele adia o momento da resolução autêntica. A acídia é esta tristeza da impotência diante de si próprio. É o sentimento que acompanha a consciência, dupla, da divisão da existência e da incapacidade da vontade de sair dessa divisão.

A história do conceito é de início teológica, e desenvolve-se, como nos informa Evagre le Pontique, no contexto da experiência dos monges do deserto no Egito durante os séculos III e IV. A *accidia* designa, de início, o enfado do monge na sua cela, que o impele, seja a dormir, seja a abandonar sua cela e a sua profissão religiosa. É uma espécie de incapacidade de suportar a vida meditativa, cuja tomada de consciência conduz ao desespero. A acídia é esta tristeza do negativo que, na tradição cristã posterior, designará, de maneira geral, a negligência no cumprimento dos deveres espirituais. Petrarca é familiarizado com essas descrições de acídia, largamente difundidas nos manuais e coleções de sermões escritos para a educação catequética nos séculos XIII e XIV. Quando ele se apresenta a si próprio, no *Secretum*, como acometido deste mal, ele insere, consequentemente, seu

---

7. N. Mann, *Pétrarque*, Arles: Actes Sud, 1989, p.111.
8. Idem, p. 99 e seguintes.

PETRARCA NA MONTANHA: OS TORMENTOS DA ALMA DESLOCADA 5

exame de consciência numa estrutura teológica estabelecida há muito tempo, que ele vai infletir, no entanto, nos termos de uma interpretação psicológica. Nesta altura do seu relato, porém, Petrarca continua a interpretar de modo positivo a experiência da ascensão. O próprio cume é apresentado pelo poeta como o fim, ou o termo, de sua peregrinação espiritual. "Possa eu cumprir com minha alma esta viagem a que dia e noite aspiro, como a cumpri hoje depois de ter superado as dificuldades com meu corpo"[9].

A prece que Petrarca dirige à sua própria vontade (conseguirá ele superar a sua própria fraqueza?) deixa intacta a estrutura alegórica na qual ele inscreve e dá uma significação à sua experiência. É no interior das categorias da ascese moral que ele organiza esta circulação entre a dimensão física e a dimensão espiritual de sua experiência. As dificuldades mesmas que ele encontra, ao colocar em prática sua resolução, respondem aos códigos tradicionais do exercício espiritual. A chegada ao cume e as primeiras sensações que ela provoca parecem, neste sentido, uma assunção e uma confirmação do espaço intelectual inicial no qual Petrarca inscreveu sua empresa, a da busca da grandeza da alma, que se obtém no exercício de olhar o mundo do alto[10].

Mas a experiência visual da altura e a leveza do ar ambiente não confirmam somente as palavras ouvidas por Petrarca sobre o Ventoux antes da subida. Elas provam também, analogamente, a veracidade de outros relatos referentes ao Atos ou ao Olimpo, e mesmo ao Hemus. A experiência física do Ventoux assegura a veracidade das fábulas antigas. Ela fecha, por assim dizer, o círculo do horizonte de interpretação no qual a subida numa montanha pode ser decidida e pensada.

Curiosamente, no entanto, a experiência do cume não é vivenciada por Petrarca como a possibilidade, ou mesmo como a esperança, de uma pacificação do seu universo interior. As tensões espirituais não desaparecem no deserto, nem diante da paisagem. A contemplação a partir do cume não cria as condições de um êxtase, mas antes reconduz o poeta a um movimento de introspecção em relação à sua própria vida e à volubilidade dos seus desejos. Petrarca não cumpre até o fim o programa de regeneração espiritual que, de modo tradicional no cristianismo, embasa a experiência simbólica da ascensão. Ele não descobre, nem reencontra, no cume, o centro e a unidade da sua existência inserindo-a, à maneira estóica, na ordem natural do vasto

---

9. Petrarca, *Lettres familières*, IV, 1, op.cit., p. 35.

10. Sêneca: "A virtude à qual nós aspiramos produz a grandeza, porque ela libera a alma, prepara-a para o conhecimento das coisas celestes e a torna digna de partilhar a condição divina" (*Questions naturelles*, prefácio, I, 6). P. Hadot assim comenta: "A grandeza da alma é aqui associada a uma espécie de voo do espírito para longe das coisas terrestres" (*Exercices spirituels et philosophie antique*, Paris: Études augustiniennes, 3ème édition, 1993, p.130).

6 VER A TERRA

mundo. A topografia visual que se estende diante de Petrarca é, para ele, sobretudo, a ocasião de um trabalho da memória, ou antes, da rememorização, que toma a forma de uma confissão e de um exame de consciência. E, a bem dizer, o que caracteriza a meditação do poeta é que, longe de tornar possível uma reapropriação do próprio eu, longe de realizar a unidade do eu, ela deixa subsistir a distância e a opacidade. Ela não consegue, a não ser pela prece, pelo lamento, pelo arrependimento, resolver o deslocamento de um eu dissociado por seus múltiplos desejos.

O que de fato descobre Petrarca quando ele contempla a paisagem que se lhe oferece a partir do cume do Ventoux? Essencialmente o espaço, mas sob a forma mais cruel que ele pode se dar, isto é, sob a forma da distância inexpugnável, sob a aparência da distância intransponível, de um intervalo que, tanto no plano geográfico quanto no temporal, não pode ser preenchido, mas somente percorrido pelo olhar e pela reflexão da consciência. A separação é vivida nos dois planos: o topográfico, do aqui e do ali, e o cronológico, do presente e do passado.

Porém, mais profundamente, a separação se apresenta sob as formas de uma divisão da alma e de uma agitação sem ordem nem repouso. Ela é vivida, como no *Secretum* ou na *Canzione 264*, como o conflito de duas vontades totalmente contraditórias, uma delas levando Petrarca à procura do amor e da celebridade, enquanto a outra a isto resiste. A memória reconduz o poeta à atualidade do conflito moral de que ele é o palco. A paisagem descoberta no monte Ventoux conduz, antes de tudo, à experiência de uma alteridade interior.

A comparação da carta de Petrarca com uma outra ascensão, aquela que Rousseau relata na famosa "Lettre sur le Valais" de *La Nouvelle Héloïse* é, neste sentido, reveladora da situação moral particular do poeta italiano. Apesar da analogia da intenção espiritual subjacente a estas duas ascensões, as experiências às quais elas conduzem se orientam, com efeito, em direções opostas. Se, em Rousseau, a presença diante da paisagem torna possível a afirmação de um eu sensível ou sentimental e provoca mesmo um esquecimento de si, em Petrarca, ao contrário, a vista, a partir do cume, produz somente um exame de consciência.

Jean Starobinski mostrou que, nessa carta, Rousseau põe seu leitor na presença de uma "paisagem sem véus", de uma paisagem de uma transparência que significa a abolição da distância entre o eu e as coisas exteriores[11]. Da mesma maneira, parece haver em Petrarca a experiência de uma presença diante das coisas. No entanto, aqui a distância subsiste: trata-se de uma presença na distância. Mesmo se o eu consegue ver, e, mais genericamente, atingir as coisas distantes no

---

11. J. Starobinski, *La Transparence et l'Obstacle*, Paris: Gallimard, 1976, p.102-104.

PETRARCA NA MONTANHA: OS TORMENTOS DA ALMA DESLOCADA 7

tempo e no espaço, o intervalo que o separa das coisas não é anulado. Ele é apenas percorrido (e não solucionado) pela potência do olhar e pelo trabalho da memória, ao longo de um exame ou de uma reflexão, em que o eu procura se reapropriar do seu devir, querendo ao mesmo tempo mantê-lo à distância, numa forma de rejeição.

Em Rousseau, ao contrário, o "desaparecimento do véu" conduz à abolição da reflexão e da distância, num registro de um "gozo imediato das coisas": "o espetáculo tem não sei o que de mágico, de sobrenatural, que encanta o espírito e os sentidos: esqueço-me de tudo, esqueço-me de mim mesmo, não sei mais onde estou"[12]. É um êxtase sensível, acompanhado de uma atenuação dos limites do eu refletido e pessoal. A experiência imediata da presença do mundo supõe uma expansão da sensibilidade.

Num universo que não opõe mais obstáculos, que não obriga a energia da alma a se desdobrar nem a se refletir sobre si mesma, o ser coincide (acredita coincidir) inteiramente com a sensação presente. Ele se esquece, uma vez que esquece e renuncia à sua própria história, se descarrega do seu passado, perde [...] o que era nele consciência separada, consciência de separação. Mas por outro lado ele se afirma, uma vez que a sensação atual aumenta o espaço à medida do seu desejo, uma vez que o mundo exterior se unifica e encontra seu centro no puro gozo do eu. [...]. Tudo me atravessa, mas eu atinjo tudo. Eu não sou mais nada, mas eu nego o espaço porque me tornei o espaço[13].

O contraste com a experiência de Petrarca é, neste sentido, espantoso. Com efeito, não se encontra em Petrarca esta fusão com a sensação presente que poderia lhe assegurar uma forma de reconciliação consigo mesmo. O sentido da experiência sensível é postergado, submetido aos recursos da confissão. Além disso, o tornar-se espaço à maneira de Rousseau constitui em Petrarca justamente a perda, a queda. Ao poeta italiano seria necessário, ao contrário, negar o espaço para voltar a ser ele próprio. Negar, por exemplo, a distância que o separa da Itália para abolir este perpétuo sentimento de exílio (o que não parece ser possível, ou mais exatamente, o que a presença diante da paisagem não permite que ocorra). Concluamos quanto a isso: não é possível, em Petrarca, nem fusão com o espaço, nem mesmo articulação entre a apreensão paisagística do mundo exterior e a experiência de si. Parece que nada na paisagem, no espaço da paisagem, pode servir à edificação do eu.

Sabe-se que o "cume" narrativo da carta reside no momento em que os olhos de Petrarca passam da contemplação da paisagem à leitura da frase de Santo Agostinho, que condena sua empresa: "E os homens vão admirar os cimos dos montes, as ondas do mar, o vasto

---

12. J. J. Rousseau, *Julie ou la Nouvelle Héloïse*, primeira parte, Carta XXIII à Julie, Paris, Flammarion, GF, 1967, p. 46.
13. J. Starobinski, op.cit., p. 104.

8 VER A TERRA

curso dos rios, o circuito do Oceano e o movimento dos astros, e se esquecem de si mesmos"[14].

Com esta citação, Petrarca coloca abruptamente um termo à auto interpretação alegórica que escandia até então seu itinerário. O poeta descobre bruscamente, à maneira de um chamamento à ordem ou de uma tomada de consciência, que a montanha não tem nenhum significado alegórico, que a ascensão é apenas um exercício físico e que ela não pode ser traduzida num exercício espiritual. Petrarca descobre o que ele já sabia: que ele olha para fora, quando a verdade reside no interior. Mas se a ascensão não tem significação, além do puro esforço físico que ela exige, como compreender o percurso interpretativo seguido até este momento por Petrarca?

Quando a carta mostra ao leitor a impossibilidade de traduzir a caminhada física em energia espiritual, ela parece querer indicar que a partida para a montanha foi algo como uma "falsa partida". É mesmo toda uma série de falsas partidas interpretativas que é apresentada, e mesmo a leitura (ou postura) alegórica deve ser compreendida como uma falsa partida. A intenção inicial de Petrarca é uma razão perversa, e é isto que o escalador percebe, mas muito tarde. A brutal tomada de consciência que encerra a subida do monte Ventoux é, então, bem mais que um incidente de percurso. A experiência do cume da montanha é, bem precisamente, uma decepção, e esta decepção conduz a um exame de consciência. É, de fato, no interior de um espaço, que é o do exame de consciência, que a experiência da paisagem de Petrarca deve ser vista. Certamente a ascensão assinalou a Petrarca o esforço espiritual que ele devia realizar, e a experiência do cume o fez acreditar por um instante na possibilidade de uma reapropriação do seu próprio eu. Mas, pela intermediação de Santo Agostinho, Petrarca designa agora esta experiência como um erro, uma diversão. Com certeza Santo Agostinho permite a Petrarca revelar como enganadores os primeiros motivos da subida, mas, sobretudo, ele lhe permite *nomear este erro como tal*: é neste "muito tarde" que reside a proposta final da carta.

Não é preciso, com efeito, crer que Petrarca fica, por fim, pacificado, nem que da leitura de Santo Agostinho emana a lição final da aventura. Toda a carta, no entanto, parece construída num paralelismo entre as duas biografias, como se fosse preciso ao poeta italiano ilustrar uma intenção já contida no *Secretum*:

parece-me às vezes reconhecer, no meio de minhas tormentas, algum traço da tua irresolução passada. É porque, cada vez que releio tuas *Confissões*, eu fico dividido entre

---

14. Santo Agostinho, *Les Confessions*, x, viii, 15. Citado por Petrarca, *Lettres familières*, trad. Montebello, op. cit., p. 41.

PETRARCA NA MONTANHA: OS TORMENTOS DA ALMA DESLOCADA   9

a esperança e o medo. Chego mesmo a crer que leio não a história de um outro, mas a minha própria[15].

Imitação, ou, mais precisamente, filiação cujo motivo a carta desenha progressivamente. Assim, Petrarca se atribui nesta carta a mesma idade de Santo Agostinho no momento de sua conversão final (trinta e dois anos). O período de dez anos que, no bispo de Hipona, é concluído para a conversão, é encontrado em Petrarca: dez anos igualmente separam a subida ao Ventoux e sua saída da universidade de Bolonha. Sobretudo, num caso como no outro, a causa ocasional da conversão é constituída pela leitura de um livro que chama brutalmente à ordem os dois atores deste drama da saúde. Ainda mais exatamente, Petrarca, quando se mostra repentinamente chamado pela leitura das *Confissões*, descreve o episódio inscrevendo-o na memória da cena do jardim de Milão[16]: o que ele lê tem o mesmo significado imperativo que o versículo da *Epístola aos Romanos* lido por Agostinho em Milão. A carta desencadeia uma série de "testemunhos", da qual Petrarca se apresenta como herdeiro, e que conduz, para lá de Santo Agostinho, a Santo Antônio e talvez a São Paulo.

No entanto, Petrarca, apesar de todo o desejo de imitá-lo, mantém distância daquele que, visivelmente, o inspira. A filiação reivindicada mantém-se problemática. A lição moral que conclui o exame de consciência do poeta não provoca nele uma pacificação interior, mas, ao contrário, produz remorso e cólera. Petrarca se remete ao seu modelo como que à distância, e com uma espécie de impotência. É no reconhecimento de sua impotência, como bem notaram A. Tripé e T. M. Greene[17], que a experiência da montanha conduz definitivamente o poeta nesta carta. Petrarca se coloca em cena como aquele que sobe, desce, se engana, retorna de um modo fictício para si próprio, lamenta sua atitude, converte-se pela metade: é toda uma vida íntima que se expõe sobre a montanha, uma psicologia moral que articula movimentos do sentimento e escrúpulos da consciência, mas sem outro fim que não o de um reconhecimento da impotência ou da fraqueza, dirigido finalmente por Petrarca ao seu diretor de consciência agostiniano.

O autor desta carta não se apresenta de uma só vez, mas antes pelas interpretações sucessivas de si mesmo, que se mascaram e se contradizem, pelo seu caminhar errante e seus remorsos. Não a unificação final do eu, mas sim um eu entre Felipe da Macedônia e Santo Agostinho, a glória antiga e a humildade cristã, um sujeito no intervalo,

15. Petrarca, *Mon secret*, op. cit., p. 47.
16. Santo Agostinho, *Les Confessions*, VII, 10, 16.
17. T. M. Greene, Petrarch *Viator*: the Displacements of Heroism, em G. K. Hunter e C. J. Rawson (eds.), Heroes and the Heroic, *The Year Book of English Studies*, v. XII, 1982, p. 35-57; A. Tripet, *Pétrarque ou la connaissance de soi*, Genève: Droz, 1967.

10 VER A TERRA

que fica à distância de si mesmo, diante de uma alteridade interior intransponível. Em Agostinho, a cena do jardim é um fim, ela põe termo a um movimento errante e fornece o elemento de uma resolução final. A montanha de Petrarca não oferece uma solução deste tipo, mas a experiência de uma ausência e de um fracasso, de um remorso e de um "tudo a refazer". É preciso então se indagar sobre o sentido desta distância e desta separação.

OS OLHOS, O ESPAÇO E A VIDA DA ALMA

A carta escrita por Petrarca põe em jogo ao menos dois elementos essenciais da relação que ele mantém com ele mesmo e seu modo de estar no mundo, a saber, de uma parte a questão do repouso, do lugar e do deslocamento, ou seja, a do valor ontológico do espaço, e de outra parte, aquela da sua própria grandeza ou da sua glória, em outras palavras, a do valor ético da sua opção de existência. A questão que se coloca, de certa maneira, é a da verdade e do valor de uma vida que escolheu o espaço para se exprimir. Porque o espaço, para Petrarca, não é jamais inocente. Portadores de dúvidas, de indagações, de lembranças e de emoções, os lugares com que o poeta entra em contato, que ele atravessa, para os quais ele retorna, declarando não poder ali permanecer, têm sempre para ele um valor, uma intenção ética. Qual é então o sentido do espaço? O que vale um lugar para Petrarca, e por que ele atribui tanta importância à sua posição no espaço? Por que atribuir tanta importância ao fato de estar em algum lugar, de estar aqui e não ali? Como Petrarca vive e apresenta esta relação entre o eu e o lugar? Por que, na conclusão de sua carta, Petrarca vai finalmente condenar o espaço e a experiência da montanha em prol da afirmação do retorno à interioridade?

Petrarca põe em jogo, no seu relato, uma reflexão sobre a curiosidade, ou seja, sobre um tipo de atitude cognitiva que a tradição cristã (mais precisamente agostiniana) sempre considerou com desconfiança. A curiosidade coloca, com efeito, o problema do controle do conhecimento e do olhar: por que procuramos ver e conhecer? Quais são os motivos e os fins verdadeiros deste movimento que impulsiona de maneira irresistível o sujeito a procurar ver as coisas? Há nisto uma questão de desejo: a *cupiditas videndi* de Petrarca responde à *concupiscentia oculorum* de Santo Agostinho[18]. Mas qual é o valor e, sobretudo, qual é o sentido profundo deste desejo de ver, que conduziu o poeta, como ele diz desde o início do seu relato, a escalar o monte Ventoux?

---

18. Santo Agostinho, *Les Confessions*, x, xxxv, 54. Ver também a *Primeira Epístola de São João*, 2, 15-16, a respeito da "cobiça dos olhos".

PETRARCA NA MONTANHA: OS TORMENTOS DA ALMA DESLOCADA   11

Reportemo-nos às primeiras palavras da carta sobre a condenação final da ascensão: "Movido pelo simples desejo de ver um lugar reputado por sua altura"[19]. "E os homens vão admirar os cimos dos montes, as ondas do mar, o vasto curso dos rios, o circuito do Oceano e o movimento dos astros, e se esquecem de si mesmos"[20]. Petrarca reencontra em Santo Agostinho esta ideia, já estóica, de que olhar o mundo visível é faltar a si mesmo. Ele retoma esta oposição entre interior e exterior, entre a preocupação com a verdade, que reside na interioridade, e a submissão às coisas exteriores. Esta primeira consideração vem lembrá-lo que a pulsão visual é perigosa, porque ela o desvia de si mesmo.

Mas, além disso, o poeta insere na sua reflexão um elemento que lhe é próprio, que concerne à verdadeira grandeza das coisas e também à sua própria grandeza como sujeito moral. O que verdadeiramente pode ser dito grande? O que vale a altura física da montanha e, da mesma maneira, o que vale o esforço de escalá-la? Qual o alcance espiritual deste cume e desta elevação? Petrarca já sabia, mas literalmente esqueceu, "que não há nada de admirável fora da alma, que não há nada de grande face à sua grandeza"[21].

É preciso indagar sobre o sentido deste esquecimento, depois deste apelo à ordem. Petrarca não está na ignorância e muito menos na inocência do que fez, e é bem isto que ele conta e põe em cena de modo dramático: o esquecimento ativo e o apelo brutal de algo que ele já sabia. Mas como nomear este saber esquecido? É, sem dúvida, na articulação do tema da *curiosidade* àquele da *grandeza* que poderemos divisar uma resposta a esta questão.

Mas por que a curiosidade é assim condenada? O que ela contém de tão inquietante? Sabe-se há tempo que a curiosidade é a expressão de uma espécie de indiscrição, que consiste em querer conhecer, e ver, o que "não nos diz respeito". E a imagem bem o diz: é como um voo. Surpreende-se, por assim dizer, de soslaio, uma realidade que não nos é destinada, cuja intenção está em outro lugar. Mas esta transgressão dos limites não é somente uma sub-repção do olhar, ela é também o testemunho de seu descomedimento. Ela é apresentada pela tradição cristã como uma espécie de orgulho e um inchaço (*tumor*) moral. O curioso quer se elevar à altura dos segredos do mundo: "eles se creem situados no alto com os astros, e luminosos"[22], diz Santo Agostinho a

---

19. Petrarca, *Lettres familières*, IV, 1, op. cit., p. 27.
20. Santo Agostinho, *Les Confessions*, X, VIII, 15, citado por Petrarca, idem, p. 41.
21. Petrarca, idem, p. 42.
22. Santo Agostinho, *Les Confessions*, V, III, 5, *Oeuvres*, tradução de E. Trehorel e G. Bouissou, Paris: Desclée de Brouwer, 1962

respeito dos curiosos. E também São Bernardo afirma: "Não te é necessário conhecer as coisas que estão distantes dos sentidos humanos"[23].

A humildade do cristão se opõe à soberba do curioso, cuja ascensão física em direção ao céu não é, numa inversão singular do pró ao contra, nada mais do que uma queda moral.

A curiosidade, nesse sentido, é fundamentalmente inútil, uma perda de tempo. "A curiosidade é o estudo atento daquilo cujo conhecimento é inútil"[24].

Empresa destinada ao fracasso, sempre decepcionante, na medida em que ela se fixa num objeto inacessível, além do real alcance da alma humana. Busca que é também um diversionismo, um "divertimento" em relação ao cuidado que se deve ter com referência àquilo que é realmente útil, ou seja, a alma, sua saúde e sua felicidade.

A curiosidade se desenvolve então como uma experiência repetida da decepção. Sempre frustrada pelo objeto real de sua atenção, que não é nunca suficientemente grande para preencher seu desejo, a curiosidade está constantemente atrás da novidade, na busca de um outro objeto que imagina mais satisfatório. É um perpétuo vaguear, e uma inquietude constante: a curiosidade é realmente uma *instabilidade*, ou seja, a impossibilidade de um repouso verdadeiro. Da transgressão ao orgulho, ao divertimento e à inquietude, as noções se encadeiam. O que é, pois, ser curioso? Fundamentalmente é um esforço para ultrapassar o alcance humano e fazer de si um ser sublime. Mas esta tentativa é frustrada, e o fim visado constantemente postergado. Não subsiste, então, para o curioso, senão esta vida perpetuamente inquieta e esta felicidade sempre adiada.

A visão de Petrarca sobre as relações entre a alma e o espaço, e de seus valores respectivos, parece esclarecer-se quando reportada à visão agostiniana do espaço. Encontra-se, no tratado de Santo Agostinho sobre a *Grandeza da Alma*, os elementos significativos de uma meditação sobre o valor moral do espaço e, além disso, sobre a grandeza de uma alma que escolhe o espaço como modo de vida e meio de expressão. Nesse tratado, a reflexão agostiniana sobre a noção de grandeza se apoia numa comparação dos valores respectivos atribuídos a esses seres geométricos que são o ponto, a linha, a superfície e o volume, que conduz o bispo de Hipona a hierarquizar esses diferentes seres em função do seu grau de unidade interna ou de "indivisibilidade". Neste sentido, é o ponto, indivisível, que vem primeiro. As outras figuras, que correspondem, no fundo, às diferentes dimensões do espaço, têm menos realidade porque, mais frágeis diante das operações da divisão, têm menos unidade.

---

23. São Bernardo, *Liber de modo bene vivendi*, cap. LIX "De curiositate", Migne, CLXXXIV, 1279-1280.

24. Santo Anselmo, *Liber de similitudinis*, cap. XXVI, Migne, CLIX, 614.

PETRARCA NA MONTANHA: OS TORMENTOS DA ALMA DESLOCADA   13

É preciso salientar, no entanto, que esta espiritualização da geometria conduz Agostinho, simetricamente, a uma espacialização da vida interior da alma, e a uma distinção semântica decisiva para a questão que nos ocupa. No fundo, o que é uma grande alma? Qual o significado da palavra "grandeza", quando aplicada à vida espiritual? "o que na verdade queremos é mostrar, se possível, que não é em relação à extensão espacial que se diz que uma alma é pequena ou grande[25] *[non eam secundum loci spatia parvam magnamve nominari]*".

A alma ocupa um lugar. Ele é mais ou menos extenso, amplo, volumoso: este lugar é mais ou menos "espaçoso". O espaço não é nada mais, de início, que esta extensão, que esta exposição, digamos. Mas não é a grandeza da extensão do lugar que ela ocupa que faz a grandeza da alma e o seu valor. Ou, mais ainda, a grandeza da alma não é da mesma ordem da grandeza material da extensão do espaço que caracteriza o seu lugar. A distinção é antiga, já presente em Platão, ou em Sêneca. Mas ela permite a Santo Agostinho instruir seu leitor (Petrarca?) sobre o valor negativo do espaço em relação às exigências da vida espiritual, e sobre a necessidade de negar o espaço para realizar a grandeza da alma. Precisemos.

A alma é como o ponto ou a pupila. Sem "medida", "quantidade", nem "espaço local", ela se caracteriza essencialmente por seu poder de recolhimento e de unificação do mundo exterior. As valências da alma e do espaço são, neste sentido, inversas, do mesmo modo que se opõem o recolhimento e a dispersão, a concentração e a extensão. Assim, quando a alma, por curiosidade e concupiscência, se dirige às coisas exteriores, ela se inclina, por assim dizer, para fora dela mesma, ela sai, literalmente, dela mesma. Ela se perde, perdendo-se no mundo. Não é outra coisa, no fundo, o que Petrarca ouve no cume do monte Ventoux, quando lê a passagem das *Confissões* que o condena aos seus próprios olhos. Mas então, qual o verdadeiro sentido deste *perder-se,* se, para a alma, perder-se não é outra coisa senão estar no espaço? O que é "perder-se no espaço"? O que é uma vida no espaço?

Esta vida, que é a do viajante e do curioso, é o signo de uma dissolução da unidade interior. Este vaguear é o signo de uma vida cuja intensidade espiritual, ou interioridade, diminui. Nesta vã presunção de querer ver o mundo e de revistar as coisas, a alma se separa dela mesma e dos cuidados que ela deve ter para com ela mesma. Ela se separa de seu verdadeiro lugar. Mas é nessa separação que o espaço nasce. O espaço não é outra coisa, por fim, senão o efeito dessa incapacidade da alma de ficar perto de si. O espaço, esta paixão pelo exterior, esta escapada para a amplidão, é uma espécie de doença. Ele não proporciona qualquer repouso, como diz Santo Agostinho,

25. Santo Agostinho, *La Grandeur de l' âme*, xx, 34, *Oeuvres, Dialogues philosofiques II*, tradução de P. Labriolle, Paris: Desclée de Brouwer, 1955.

VER A TERRA

a propósito do orgulho da sua alma, numa frase que Petrarca poderia ter escrito:

e a luz dos meus olhos não estava comigo. Porque ela estava dentro, enquanto eu estava fora, e ela não estava num lugar: mas eu, eu olhava para as coisas que estão contidas nos lugares, e não encontrava nelas nenhum canto para repousar, nenhum acolhimento da parte delas que me fizesse dizer: "é suficiente", "está bem"[26].

O espaço, tanto para Agostinho como para Petrarca, é uma deficiência do ser, e mais exatamente ainda, uma falta de grandeza. A verdadeira grandeza da alma é feita, diz Agostinho, "não de espaço nem de tempo, mas de força e de potência"[27]. Trata-se, então, de opor, diante da alma, duas maneiras de viver: de um lado, viver à maneira do espaço e, de outro, viver à maneira do espírito. A superioridade da vida segundo o espírito (a expressão é redundante) é a superioridade do que é vivo sobre o que é inerte. A vida é uma potência de organização e de interiorização, que estabelece relações e uma unidade entre os elementos até então simplesmente justapostos: o espaço. Há uma coerência da vida segundo o espírito, mas ela não é espacial. Esta coesão é a de um Eu que se interioriza ativamente no trabalho da memória, por exemplo. Ela exprime uma ubiquidade, uma identidade que atravessa o espaço sem se perder nele: o espírito, justamente. De modo inverso, o espaço é um princípio de separação e de diminuição do ser. Se o espaço se opõe à unidade interior, é porque no espaço o ser não pode ser sem se *diferenciar* constantemente de si mesmo. O espaço é o nome da diferença e da alteridade. "Quem não vê [...] que o corpo mais bonito, obrigado pela distância dos lugares *[cum intervallis locorum]* a ser diferente alhures, não pode atingir esta unidade que ele persegue?"[28]

O espaço é o intervalo, a distância. Ora, não há ser senão por meio de uma certa unidade (*"Nihil est esse quam unum esse"*[29]). É preciso, pois, resistir ao espaço, que é a primeira deserção dessa unidade, o primeiro abandono à alteridade. Ser no espaço é diferenciar-se indefinidamente de si, e então não se pode falar propriamente de ser, se ser é ser uno. Para ser verdadeiramente é preciso negar o espaço: "Porque Aquele que é não pode ser aqui de uma forma e lá de outra; também não é de um modo agora e de outro modo depois: ele é a unidade soberana, a mais perfeita negação do espaço"[30].

---

26. Santo Agostinho, *Les Confessions*, VII, VII, 11, op. cit.

27. Idem, *La Grandeur de l'âme*, XXXII, 69, op. cit.

28. Idem, *De la vraie religion*, XXXII, 60, *Oeuvres* , tradução de J. Pegon, Paris: Desclée de Brower, 1982.

29. Idem, *Les Moeurs de l'Eglise catholique*, II, VI, 8, *Oeuvres, La Foi chrétienne*, Paris: Desclée de Brouwer, 1982.

30. Idem, *De la vraie religion*, XLIII, 81, op. cit.

PETRARCA NA MONTANHA: OS TORMENTOS DA ALMA DESLOCADA   15

Mas então como ser no espaço já que ele não pode realmente ser abolido? A questão é, ao mesmo tempo, topográfica e espiritual. Petrarca colocou em cena repetidas vezes esta conjunção do ser-eu--próprio e do estar-em-alguma-parte (ou então, do não-se-poder-ser--em-alguma-parte). Assim, na famosa carta a Andrea Dandolo "para lhe expor a causa dos seus contínuos deslocamentos"[31], a questão colocada é explicitamente a da escolha do lugar onde viver. As ambiguidades de Petrarca diante do espaço parecem se concentrar ali. Por um lado, com efeito, o poeta reivindica sua "infatigável curiosidade" pela "infinita variedade dos lugares" e seu gosto pelas viagens. Mas, por outro lado, estes deslocamentos incessantes são apresentados como vagueações, como um curso vão do desejo:

se eu encontrasse sob o céu um lugar agradável, ou mesmo passável [...], eu colocaria todo meu coração e minha perseverança para fazer dele minha residência; mas, como se eu estivesse deitado sobre um duro colchão, eu me viro e desviro sem conseguir encontrar repouso [...]. E como a doçura do leito não pode remediar meu cansaço, é a mudança que o faz: eu vagueio então e pareço viajante sem rumo[32].

No entanto, onde parar? Onde se encontra o repouso? Petrarca deixa estas questões sem solução: "esta curiosidade de percorrer o mundo tem não sei o que de doce e de penoso ao mesmo tempo"[33].

É sem dúvida nessa ambivalência do sentimento do espaço e da viagem, doce e penoso ao mesmo tempo, que se concentra o problema ético de Petrarca. É no deslocamento, ainda, que o poeta italiano parece querer ao mesmo tempo designar o mal e achar o remédio. O que resta a Petrarca senão viver a separação mesma, a irresolução e o deslocamento? Sob a aparente condenação moral do espaço se faz talvez enfim ouvir, discretamente, uma reivindicação psicológica: a da esperança de uma evasão.

31. Petrarca, *Lettres familières*, xv, 4, tradução de C. Carraud, *Conférence*, op.cit., p. 470-475.
32. Idem, p. 472.
33. Idem, p. 473.

2. A Terra Como Paisagem: Brueghel e a Geografia

Os historiadores, inúmeras vezes, chamaram a atenção para o fato de que o vocabulário utilizado no século XVI, para descrever as representações geográficas, era idêntico àquele utilizado para a pintura de paisagem[1]. Tal aproximação entre cartografia e representação artística das paisagens se verifica em vários pontos.

O mapa é, com efeito, o ato de uma *mimesis*, e muitos foram os cartógrafos que, no século XVI, retomaram a analogia de origem ptolomaica entre a geografia e a pintura. Recordemos as definições de Ptolomeu:

> A geografia é uma imitação gráfica da parte conhecida da terra, considerada globalmente, nos seus traços mais gerais; [...] se os matemáticos se permitem explicar à inteligência humana o próprio céu, tal qual ele é ao natural, porque pode-se vê-lo girar em torno de nós, para a terra, ao contrário, é-se obrigado a recorrer à representação pictórica (I, 1, 7)[2].

---

1. W. S. Melion, *Shaping the Netherlandish Canon. Karel Van Mander's Schilder-Boeck*, Chicago: The University of Chicago Press, 1991, p. 173 e seguintes.; J. Müller Hofstede, Zur Interpretation von Bruegel Landschaft: Äesthetischer Landschaftbegriff und stoïche Weltbetrachtung, em Otto von Simson und Matthias Winner (eds.), *Pieter Bruegel und seine Welt*, Berlim, 1979, p. 73-142. De modo geral, para as relações entre paisagem e cartografia, ver W. S. Gibson, *Mirror of the Earth. The World Landscape in Sixteenth Century Flemish Painting*, Princeton: Princeton University Press, 1989, cap. 4, e mais recentemente C. Wood, *Albretch Altdorfer and the Origins of Landscape*, Londres: Reaktion Books, 1993.

2. Cito aqui a tradução da *Géographie* de Ptolomeu apresentada por Germaine Aujac, em *Claude Ptolomée, astronome, astrologue, géographe. Connaissance et ré-presentation du monde habité*, Paris: CTHS, 1998, p. 305-308. Para a questão da *mimesis*

18 VER A TERRA

No século XVI, reencontra-se o motivo pictórico na *Cosmografia* de Pierre Apian ("Geografia [...] é como uma forma ou figura e imitação da pintura da terra"[3]), mas também em Sebastian Münster. O humanista alemão Conradus Celtis compara o tratado cosmográfico de Apulée, que ele edita em 1497, a uma pequena pintura que mostra "como e porque o universo é unido e mantido em sua forma". Na dedicatória de seu poema geográfico publicado em 1502, os *Amores*, ele afirma que a Alemanha, com suas quatro regiões, se fará visível "como se ela fosse pintada sobre um pequeno quadro"[4]. Do mesmo modo, Johannes Cuspinian, nas aulas sobre Hipócrates, que ele ministra na Universidade de Viena no ano de 1506, promete descrever "a Terra sobre um pequeno quadro, como fazem os pintores"[5]. Como lembra Svetlana Alpers[6], "a palavra pintura – *pictura, schilderij*, ou outra apropriada para expressar pintura na linguagem moderna – foi utilizada" para traduzir a palavra grega *graphikos*, presente em Ptolomeu.

A circulação das palavras acompanha, na verdade, uma plasticidade das práticas, ou mesmo uma indistinção dos gêneros disciplinares. Na Itália, na Alemanha ou nos Países Baixos dos séculos XVI e XVII, numerosos artistas, pintores ou gravadores, como Pieter Pourbus, Hieronimus Cock, Jacopo de'Barbari, Joris Hoefnagel, Leonardo da Vinci, Cristoforo Sorte, Rafael, realizam mapas, em diferentes escalas, bem como vistas topográficas. Do mesmo modo, é provável que a gigantesca paisagem pintada por Albrecht Altdorfer, como plano de fundo de *A Batalha de Alexandre*, esteja baseada sobre um mapa-múndi realizado por Dürer, em 1515, segundo Stabius[7]. O olhar do pintor e o olhar do cartógrafo não são então separados, mesmo que eles não se confundam. Eles participam de uma mesma atitude

cartográfica, ver em particular as análises de C. Jacob, em *L'Empire des cartes*, Paris: Albin Michel, 1992, cap. 2, e La *mimesis* géographique en Grèce antique, *Actes du colloque Espace et représentation*, Paris, La Villette, 1982, p.53-80. As relações entre cartografia, paisagem e pintura são também abordadas por S. Alpers, *The Art of Describing. Dutch Art in the Senventeenth Century*, Londres: John Murray / University of Chicago Press, 1983, cap. 4. Neste capítulo, intitulado The Mapping Impulse in Dutch Art', Svetlana Alpers desenvolve o ponto de vista segundo o qual a cartografia fornece à pintura da paisagem holandesa um dos seus modelos principais, sob o registro da descrição. Sua análise é discutida por Louis Marin no Eloge de l'apparence, *De la représentation*, Paris, Hautes Etudes / Gallimard / Le Seuil, 1994, p.235-250. Ver também F. Lestringant, Chorographie et paysage à la Renaisssance, *Ecrire le monde à la Renaissance*, Caen: Paradigme, 1993, p.49-67.

3. P. Apian, *Cosmographie*, tradução de Gemma Frisius, Antuérpia, 1581, p. 6. O texto latino diz: "Geographia [est] formula quaedam ac picturae imitatio".

4. Citado por C. Wood, op. cit., p. 47.

5. "[...] ut pictores solent, in parva tabella totum orbem describere", citado em Idem, p. 287, n. 126.

6. Svetlana Alpers, *L'Art de dépeindre*, tradução francesa, Paris: Gallimard, 1983, p. 234.

7. Cf. W. S. Gibson, op. cit., p. 53.

A TERRA COMO PAISAGEM: BRUEGHEL E A GEOGRAFIA   19

cognitiva, e de uma mesma competência visual, que eles partilham na época com os médicos, os arquitetos, os engenheiros, e onde se manifesta, como diz Piero Camporesi a respeito do nascimento da paisagem italiana no século XVI, "a presença ativa de um naturalismo empírico, pragmático e mineralógico"[8]. Estes homens de ofício, entre os quais estão os geógrafos, partilham esta atenção aos signos do mundo, aninhados na cor das rochas, na orientação dos ventos ou no movimento das águas, que permitem aos olhos *lerem*, por assim dizer, a paisagem.

O modo deles observarem a natureza e lerem a paisagem constituía um patrimônio comum a todo um meio cultural onde o olhar do pintor, do arquiteto, do escultor tinha a mesma percepção do real que aquele de um filósofo da natureza cheio de curiosidade, de um investigador de metais ou de um técnico de minas[9].

Este tipo de competência semiológica Paracelsus designa pelo termo *quiromancia*, aplicando-o de maneira extensiva à paisagem e aos objetos naturais. Há, diz ele,

uma quiromancia das ervas, uma quiromancia das folhas sobre as árvores, uma quiromancia do bosque, uma quiromancia das rochas e das minas, uma quiromancia das paisagens [*ein chiromancia der lantschaften*] através das suas estradas e dos seus cursos d'água[10].

O escultor atento sabe que a madeira, pela disposição de seus veios (sua orientação, diria Kant), pela natureza e dureza de suas fibras, pela diversidade e complexidade de suas configurações, exige como que um respeito por parte dos olhos, mais exatamente um julgamento do olhar e da mão[11]. Do mesmo modo, o pintor e o cartógrafo, ambos observadores de espaços e de fenômenos do mundo terrestre, desenvolvem uma arte da leitura visual dos signos que constituem a qualidade própria de uma paisagem.

No entanto, o pintor e o cartógrafo não partilham apenas um tipo de percepção e de representação da superfície da Terra. Eles se comunicam também pelo seu objeto. Mas qual é o sentido, neste caso e neste contexto, da palavra paisagem? Mais precisamente, que significado os

8. P. Camporesi, *Les Belles Contrées. Naissance du paysage italien*, tradução de B. Pérol, Paris: Lê Promeneur, 1995, p. 41.

9. Idem, p.29.

10. Paracelsus, *De Imaginibus*, em *Sämtliche Werke*, K. Sudhoff ed.: Munique, 1931, v. XIII, p. 375. Citado e comentado por M. Baxandall, em *The Limewood Sculptors of Renaissance Germany*, New Haven: Yale University Press, 1980, p. 32.

11. Para esta questão teórica e prática do *giudizzio dell'occhio* na cultura artística da Renascença (em Michelangelo, particularmente), ver sobretudo D. Summers, *The Judgement of Sense. Renaissance Naturalism and the Rise of Aesthetics*, Cambridge: Cambridge University Press, 1987, e *Michelangelo and the Language of Art*, Princeton: Princeton University Press, 1981 (ver particularmente as p. 332-379).

20 VER A TERRA

pintores/cartógrafos alemães e neerlandeses dão aos termos *Landschaft* e *landschap* (ou os italianos à palavra *paese*) quando, no século XVI, eles a empregam para designar o objeto que eles representam?

PAISAGEM E COROGRAFIA

Antes de adquirir uma significação principalmente estética, ligada ao desenvolvimento específico de um *gênero* de pintura a partir dos séculos XVII e XVIII[12], a palavra *landschap* (*Landschaft, paese*) possui uma significação que se pode dizer *territorial* e *geográfica*.

Tomada num sentido sobretudo jurídico-político e topográfico, a paisagem é, de início, a *província*, a *pátria*, ou a *região*[13]. É neste sentido que o cartógrafo e matemático flamengo Gemma Frisius utiliza a palavra *lantschap* para designar os territórios que ele descreve[14]. O próprio Abraham Ortelius, na edição neerlandesa do seu *Theatrum orbis terrarum*, chama os mapas regionais de *besondere lantaschappen*[15].

12. Endossamos neste ponto o que diz P. Camporesi: "No século XVI, não se conhecia a paisagem no sentido moderno do termo, mas o 'país', algo equivalente ao que é para nós, hoje, o *território* e, para os franceses, o *environnement*, lugar ou espaço considerado do ponto de vista de suas características físicas, à luz de suas formas de povoamento humano e de seus recursos econômicos. De uma materialidade quase tangível, ele não pertence à esfera estética se não de um modo muito secundário" (P. Camporesi, op. cit., p.11). A paisagem da Itália, conforme as descrições desenhadas por Leandro Alberti, Teofilo Folengo, Francesco Guicciardini, ou Scipione Mercuri, e comentadas por Camporesi, é uma paisagem do trabalho, uma paisagem do uso, uma paisagem da saúde e do bem viver. Os valores paisagísticos são menos pitorescos que práticos. Nesse contexto, a paisagem é apresentada como "um espaço a ser apreendido em seus traços geográfico-econômicos essenciais e sob seus aspectos humanos, com algo da sensibilidade profissional do mercador ou do agrimensor, mais do que contemplado de modo desinteressado pelo inefável prazer do espírito, consumido em doces percursos sugestivos, em devaneios indevidos e injustificados ou, menos ainda, integrado em implicações ligadas à esfera do espírito e da meditação religiosa" (idem, p.12). Há uma nuance, no entanto, como veremos: esta compreensão da paisagem não se opõe à representação artística. Ela apenas lhe desloca os acentos.

13. A história da aparição da palavra que designa o conceito de paisagem nas diferentes línguas europeias está ainda por ser escrita. Remetemos aqui, principalmente, a C. Franceschi, *Du mot paysage et des ses équivalents dans cinq langues européennes*, em M. Collot (dir.), *Les Enjeux du paysage*, Bruxelles: Ousia, 1997, p. 75-111 (bibliografia), bem como a R. Gruenter, Landschaft. Bemerkungen zur Wort-und Bedeutungsgeschichte, *Germanisch-Romanische Monatsschrift*, nova série, t. III, 1, 1953, p. 110-120. Ver também J. B. Jackson, *Discovering the Vernacular Landscape*, New Haven: Yale University Press, 1984, p. 1-8.

14. Gemma Frisius, *Cosmographie oft beschrijvinghe der geheelder werelt van Petrus Apianus, anderwerk gecorigeert van Gemma Physio-Mathematicien... met diverschë boecxkens bijdë selven Gemma...* Antuérpia, 1545, fol.liii[r]. Ver também o título neerlandês do tratado de 1533 sobre a triangulação *(Libellus de locorum describendorum ratione...): Die maniere te beshrijven de plaetsen ende Lantschappen*. Amsterdam, 1609.

15. A. Ortelius, *Theatre oft toneel Aertbodems*, Antuérpia, 1571, fol. Av[r].

A TERRA COMO PAISAGEM: BRUEGHEL E A GEOGRAFIA   21

Nesta perspectiva geográfica, a "paisagem" não é definida de início como a extensão de um território que se descortina num só olhar desde um ponto de vista elevado, segundo a fórmula tornada clássica a partir do século XVII na história da pintura. Ela é entendida como espaço objetivo da existência, mais do que como vista abarcada por um sujeito.

É nesta perspectiva que ela é apresentada por Peter Albinus no começo da sua *Crônica de Misnie* em 1580. Para obter uma melhor descrição de uma *Landschaft*, diz ele,

é necessário fazer saber previamente em que parte do mundo, em que país, em meio a que povos, junto a que vizinhos, montanhas, cursos d'água, florestas, e outros lugares notáveis, se encontra aquilo que em latim se chama o *sitium*, e em alemão *das Lager einer Landes*[16].

A *Landschaft* (*landschap, paese*) se define pelo seu *sitium*, ou seja, ao mesmo tempo por uma posição e por uma vizinhança características. Por esta definição, Albinus redescobre Ptolomeu, que designa como objeto do geógrafo a análise da *thesis* (posição) e da *phisis* (natureza) dos lugares, mas também os historiadores gregos e latinos, bem como os autores que celebram as cidades, pois, tanto uns quanto outros, estruturam suas descrições dos territórios em diferentes escalas em função destes dois itens[17] (*positio* ou *situs, natura*). A *Landschaft* é de início um lugar que se define por vizinhanças, humanas e naturais, que se pode designar como objetivas, e que podem assim ser cartografadas. Além da mera consideração de sua posição relativa, a *Landschaft* se define também por um conjunto de propriedades, naturais e humanas, cujo inventário constitui sua *qualidade* ou sua *natureza* próprias.

A maneira pela qual Albinus define a *Landschaft* a identifica de fato com o objeto da *corografia*, ou seja, com um tipo de descrição da

16. P. Albinus, *Meinznische Land-und Berg Chronica...*, Dresden, 1589-1590 (primeira edição: 1580), Livro I, p.1: "Djeweil Von noten ist so man voneiner gewissen Landschafft zuschreiben gedenckt das man zu mehrer nachrichtung und verstendnis derselbingen beschreibung und der nothwendingen anhengenden historien Auch dem ausslendischen leser zufellige frrung (?) missdeutung oder zum wenigsten verhinderung im forthlesenabzuwenden und aus dem wege zu reumen zuuor (?) flerlich zuvorstehen gebe in welche Theil der Welt in welchem Heubtlande unter welchen Volckern ben welchen Nachbahrn Bergen Wassern Walden und andern namfassten orten dieselbige gelegen sen welches man im Latein den Situm nennet und im Deutschen das Lager einer Landes verdolmeschen (?) fan..." Na margem: "das Lager der lande wird notwendig in beschreibungen führer gesetzt".

17. Políbio, *Histórias*, III, 36-38, V, 21; Hipócrates, *Dos Ares, das Águas e dos Lugares*, cap. I; Júlio César, *Guerra da Gália*, V, 57, III, 12, VII, 83; Plínio, o Velho, *História Natural*, II, 245, III, 108; Cícero, *Verrinas*, 117-119, etc. Ver para tanto L. Pernot, *La Rhétorique de l'éloge dans le monde gréco-romain*, Paris: Etudes augustiniennes, 1993, t. 1, segunda parte, cap. primeiro – II: "L'éloge des cités", p. 178-216.

superfície da Terra em função da qual as regiões descritas são consid[-]radas em grande escala, na diversidade e no detalhe de seus caracteres. A corografia é uma arte da atenção aos detalhes e uma arte do inventário, enquanto a geografia, tal qual definida no texto ptolomaico, trata a superfície da Terra, por assim dizer, por grandes massas ou grandes conjuntos[18]. A corografia é inventário minucioso das realidades próximas, expressão da frequentação dos lugares circundantes, mais do que abertura para horizontes longínquos. Ela enumera e, como diz Apian,

mostra todas as coisas e, até mesmo aquelas menores contidas nestes lugares, como cidades, portos marítimos, populações, regiões, cursos d'água, e muitas outras coisas semelhantes, como edifícios, casas, torres[19].

Mas é neste ponto mesmo, nesta aproximação detalhada, às vezes dispersa, do mundo terrestre em que consiste a corografia, que confluem em grande parte as perspectivas e as convenções iconográficas da representação paisagística da natureza. O objeto do corógrafo é também aquele do pintor de paisagem, tal qual o concebe Karel Van Mander, baseado em Plínio:

Convém aqui falar-vos de Ludius, que viveu sob o reinado do imperador Augusto. Ele foi o primeiro a inventar um modo de pintar tanto sobre as paredes externas como nas salas, dando prova de um verdadeiro talento artístico. Suas mãos hábeis podiam pintar o que quer que fosse, as choupanas, as fazendas, os vinhedos, as estradas do campo, as florestas profundas, as altas colinas, os lagos, as torrentes, os rios, os portos e as praias. Nestas paisagens, ele representava pessoas que se distraíam nos passeios[20].

18. Cf. F. Lestringant, Chorographie et paysage à la Renaissance, *Écrire le monde à la Renaissance*. Caen: Paradigme, 1993, p. 49-68.

19. P. Apian, *Cosmographie*, Antuérpia, 1544, primeira parte, cap. I.

20. K. Van Mander, *Het Schilder-Boek...*, Harlem, 1604, fol. 87 v. Retomo aqui a tradução apresentada por C. Michel, La peinture de paysage en Hollande au xviiᵉ siècle: um système de signes polysémiques, em M. Collot (dir.), op. cit., p. 216. Van Mander copia Plínio, *História Natural*, xxxv, § 116. A palavra utilizada por Van Mander para designar a paisagem é *lantscap*, que traduz o latim *topiaria opera*. Ludius, acrescenta Plínio, pinta também cidades situadas à beira-mar. Para a questão da representação da paisagem no mundo romano, ver principalmente E. W. Leach, *The Rhetoric of Space. Literary and Artistic Representation of Landscape in Republican and Augustan Rome*, Princeton: Princeton University Press, 1988, particularmente o capítulo 2: Loci et Imagines. The Development of Topographical Systems in Roman Landscapes, p. 73-143, onde o autor aborda a questão das relações entre o mapa e a paisagem. Ver também A. Rouveret, Peinture et art de la mémoire: le paysage et l'allégorie dans les tableaux grecs et romains, *CRAI*, 1982, p. 571-588, e *Histoire et imaginaire de la peinture ancienne*, Rome: Bibliothèque des écoles françaises d'Athènes et de Rome, 1989, p. 323 e seguintes. Enumeração muito próxima em Vitrúvio, vii, 5, a propósito das decorações topiárias: "Com efeito, pintam-se portos, promontórios, riachos, rios, fontes, estreitos, santuários, bosques sagrados, montanhas, rebanhos, pastores..." (citado em A. Rouveret, op. cit., p. 325).

A questão central, no que nos concerne, é, no entanto, a seguinte: à qual visão ou conceito da Terra a corografia e a pintura de paisagem nos dão acesso? Certamente, esta deslocação da imagem do mundo terrestre, na descrição e evocação de seus traços particulares, pode ser considerada ao mesmo tempo uma abertura à profusão do real e mesmo uma fruição específica da diversidade. Mas deve-se então concluir que não há paisagem se não do que é próximo e do particular? Que a paisagem, seja no plano da representação artística, seja no da descrição corográfica, recusa toda abertura de horizonte?

A PAISAGEM COMO TEATRO DO MUNDO

De fato, no século xvi, a cartografia e a pintura de paisagem não se comunicam apenas pela escala da corografia. Um dos eventos mais significativos desta história é justamente a aparição e o desenvolvimento concomitante da noção de uma "paisagem do mundo" e de uma nova representação cartográfica do ecúmeno (ou, como dizem os latinos, da *orbis terrarum*). A paisagem extravasa, então, os limites da região particular e coloca a questão da abertura do espaço terrestre e da relação entre o que está aquém e além do horizonte. Mais precisamente, a paisagem traduz visual e imaginariamente a promoção da geografia como discurso específico, distinto da cosmografia, consagrado à descrição da Terra universal.

É na perspectiva da paisagem que a maior parte dos amigos do geógrafo antuerpiense Abraham Ortelius evoca o *Theatrum orbis terrarum* nas páginas do seu *Album amicorum*. Segundo o cosmógrafo Jacob Van Suys:

é nas gravuras que Ortelius descreve o vasto mundo [*At graphikos vastum pingens Ortelius orbem*], as imensas ondas do mar, os golfos profundos que os penetram, os portos aos pés dos promontórios e os rios errantes que se afastam velozmente de sua fonte límpida, os cimos a pique dos grandes montes eriçados, as cidades, os grandes territórios, os mercados, os burgos: tudo o que a superfície bem cultivada do mundo põe à luz, ele nos põe sob os olhos e nos faz amá-lo[21].

Nós encontramos neste texto a maior parte dos objetos enumerados por Plínio como pertencentes à paisagem[22]. Ortelius organizou para o olhar a experiência da diversidade das coisas terrestres. Ele

---

21. J. Van Suys, em A. Ortelius, *Album amicorum*, J. Puraye (ed.), Amsterdam: A. L. Van Gendt, 1969, fol. 84 v. Modifico a tradução Puraye, que não parece satisfatória ("c'est en mots...") ["é em palavras..."]. Lê-se, com efeito, na *Description de tous les Pays-Bas...* de L. Guicciardini, na parte dedicada à língua flamenga: "*graphein* [...] é como nós dizemos em flamengo, gravado, gravar, ou seja, talhar em cobre com o buril" (tradução francesa de J. Jansson, Amsterdam, 1625, p. 34).

22. O texto de Plínio é bem conhecido dos contemporâneos de Ortelius, que dele se serve para redigir o elogio de Brueghel, inserido no *Album amicorum*.

A. Ortelius, Typus orbis terrarum, *Antuérpia, 1570. Musée Plantin-Moretus, Cabinet d'Anvers, Anvers.*

A TERRA COMO PAISAGEM: BRUEGHEL E A GEOGRAFIA 25

se tornou, na descrição de Jacob Van Suys, um pintor paisagista. O inventário descritivo de Jacob Van Suys transforma o mapa, ao qual em realidade sua descrição se aplica inicialmente, num vasto quadro de paisagem que o olhar percorre. Sem dúvida não é mais necessário, desde então, opor a grande escala corográfica e a pequena escala geográfica. O mosaico das *Landschaften* particulares é, por assim dizer, envolvido por um espaço indefinidamente aberto à exploração, o do ecúmeno universal, no interior do qual elas encontram seu lugar e sua função.

Na verdade, mais do que uma coleção de mapas no sentido estrito do termo, Jacob Van Suys parece descrever uma "paisagem do mundo" (*Weltlandschaft*), que poderia ter sido pintada por Hieronimus Bosch, Joachim Patinier, Herri met de Bles, ou Peter Brueghel[23]. Como num quadro deste gênero, abre-se no *Theatrum* de Ortelius um panorama exaustivo do mundo visível na superfície da Terra, na riqueza dos seus conteúdos os mais diversos. Na paisagem do mundo, como na coleção de mapas, encontra-se a mesma tendência à enciclopédia e a mesma preocupação de fazer desta enciclopédia uma experiência visual. Trata-se, na cartografia e na pintura, de reunir, num pequeno espaço, nos limites de uma superfície de inscrição, a totalidade dos caracteres do mundo terrestre. Mas, do mesmo modo que na paisagem do mundo, esta profusão de observações visuais possíveis, pelas quais se distribui a experiência geográfica da superfície da Terra, é simultaneamente a manifestação e o desdobramento sensível da existência de uma ordem providencial[24]. Subjacente ao olhar cartográfico e paisagístico, e dando-lhe talvez um alcance verdadeiro, encontra-se o pensamento dos *Salmos* (os de número 24, 33, 46, 104 são os mais frequentemente citados pelos cartógrafos, entre os quais Ortelius): "Ide e contemplai os grandes feitos de Deus, que encheu a Terra de maravilhas"[25].

O que há de singular nos quadros que representam tais "paisagens do mundo" é este modo de encadear e de englobar os acidentes do espaço (árvores, rochas, construções, rios) numa unidade que se desenvolve a partir do fundo, um fundo indefinidamente aberto e que remete a um espaço e a um tempo cósmicos dentro dos quais a história humana é como que evocada na sua relatividade. Patinier, met

---

23. Para a noção de *Weltlandschaft*, ver W. S. Gibson, op. cit., J. Müller Hofstede, Zur Interpretation von Bruegel Landschaft: Äesthetischer Landschaftbegriff und stoïsche Weltbetrachtung, art. cit., bem como R. L. Falkenburg, *Joachim Patinir: The Landscape as an Image of the Pilgrimage of Life*. Amsterdam: John Benjamins Publishing Company, 1988.

24. Cf. J. Bialostocki, Die Geburt der modernen Landschaftsmalerei, *Bulletin du Musée national de Varsovie*, 14, 1973, p. 6-13.

25. *Salmo* 46, colocado por Sébastien Franck no início do seu *Weltbuch*. Reencontra-se esta mesma citação no frontispício do *Epítome du Theâtre du Monde d'Abraham Ortelius, auquel on se represente, tant par figures que characteres, la vraye situation, nature, et propriétés de la terre universelle*, realizado por Philippe Galle, Antuérpia, 1588.

de Bles, Brueghel, mostram a paisagem como um posto avançado da ordem do mundo a partir dos planos de fundo.

Mas o que é a Terra dentro deste teatro? E como ela é percebida? Sublinhemos este ponto: a Terra, no mapa e na pintura de paisagem que a representam, torna-se um objeto para um sujeito que é o seu espectador, diferentemente do mapa medieval, que conta uma história, e que, mais precisamente, insere a Terra, e o indivíduo que observa sua imagem, no discurso, a um só tempo físico e teológico, da Criação do mundo[26]. A Terra medieval, até no *Liber Chronicarum* de Hartamann Schedel (1493), é o ponto de chegada do discurso da Gênese, assim como o ponto de partida da história humana problematicamente orientada para sua Salvação final. A Terra é, então, uma concreção momentânea do Tempo, e o espaço, o intervalo de uma História. Se esta dimensão temporal se mantém presente na cartografia e na pintura do início da modernidade, os acentos são profundamente modificados. O espaço e a Terra não cristalizam mais o Tempo, eles se tornam o quadro, o suporte, o teatro do seu desdobramento. O Tempo e a História tornaram-se espetáculos. Passamos, num certo sentido, do mundo da Gênese àquele do Salmo 104. O espaço não é mais a inscrição do Tempo, nem a Terra o resultado de uma Gênese. Ele é o Aberto, ela a condição, no interior dos quais o Tempo e a História desenvolvem seus Sentidos.

Nesta maneira de dar um sentido à multiplicidade dos lugares colocando-os no interior de um espaço universal, globalizante, cartógrafos e paisagistas do século XVI sobrepõem ao pensamento dos *Salmos* a lição dos clássicos. Os textos de Cícero, ou de Plínio, nos quais tais experiências se desenvolveram, são familiares a Ortelius e ao círculo de humanistas que ele frequenta. Confrontemos, por exemplo, a descrição de Jacob Van Suys com Cícero:

Considere de início a Terra inteira, colocada no centro do mundo, sólida, esférica, coesa pelo efeito da gravidade, revestida de flores, árvores, colheitas, cuja incrível abundância se mescla com uma insaciável diversidade. Acrescente a isto o frescor das fontes inesgotáveis, a limpidez dos rios, o adorno verdejante de suas margens, a profundeza das cavernas, a saliência dos rochedos, a altura das montanhas que nos dominam, a imensidão das planícies; acrescente ainda os filões escondidos de ouro e de prata e a quantidade infinita de mármore. Que espécies variadas de animais domésticos ou selvagens! Que voos, que cantos de pássaros! Que pastagens para os rebanhos! Que animação nas florestas! Que dizer então do gênero humano? Criado para cultivar a terra, ele não permite que ela seja restituída ao estado selvagem para os animais ferozes ou devastada pelo mato; pelos seus cuidados resplandecem os campos, as ilhas, as costas, adornadas com casas e cidades. Se pudéssemos ver tudo isto com nossos olhos como vemos pelo pensamento, ninguém, ao contemplar a terra inteira, duvidaria da razão dos deuses[27].

---

26. Cf. a respeito E. Edson, *Mapping Space and Time. How Medieval Mapmakers viewed their World*, Londres: The British Library, 1997.

27. Cícero, *De la nature des dieux*, II, 39, tradução de E. Bréhier, *Les Stöiciens*, Paris: Gallimard, Bibliothèque Pleiade, 1962, p. 444-445.

Henri met de Bles, O Paraíso, *ca. 1550. Rijksmuseum, Amsterdã.*

Tobias Verhaecht, Paisagem Montanhosa com Rio. *Musées royaux des Beaus-Arts de Belgique, Bruxelas.*

28 VER A TERRA

Não se pode considerar Ortelius como aquele que justamente permite ver "com os olhos" a Terra na sua totalidade? Não é ele que, no fundo, cumpre o programa dos Antigos? O mapa-múndi, o atlas, mas também o quadro de paisagem, não são os suportes concretos que permitem realizar, efetuar, embora no registro da imagem, tal visão global? Não se pode considerar que a representação cartográfica, assim como a representação pictórica da paisagem, adquirem o valor de uma contemplação filosófica? Ortelius: "Mas o homem nasceu para contemplar o mundo"[28].

Pode-se aproximar, nesta perspectiva, as concepções do mapa-múndi e de "paisagem do mundo" do ideal de vida contemplativa que, no mesmo momento, na Itália, os teóricos da *villa* desenvolvem[29]. Uma das propostas da vilegiatura, segundo estes humanistas, é, com efeito, a contemplação; e a visão da paisagem, nas lembranças das cartas de Plínio, o Jovem[30], é uma das formas que a felicidade pode tomar no ócio, sob o registro do *locus amoenus*[31]. Uma *villa* retirada no campo oferece ao humanista mais do que os prazeres simples de uma vida rural protegida das ilusões da cidade. Ela não é somente a tentativa de preservar uma forma de *urbanidade* nos jogos e nos divertimentos virtuosos de que o campo é teatro. Enfim, ela não é somente o cenário de um retiro para o estudo, dedicado à leitura e à observação da natureza. Nela se exprime um ideal de repouso meditativo, no qual o ser humano pode se apoderar das relações secretas que o unem ao *cosmo*, e sentir sua existência, por assim dizer, justificada.

---

28. Ortelius cita Cícero (*Da Natureza dos Deuses*, ɪɪ, 37). Citação contida numa das quatro vinhetas que guarnecem o *Typus orbis terrarum* a partir de 1579.

29. Cf. B. Rupprecht, Villa. Zur Geschichte eines Ideals, *Probleme der Kunstwissenschaft*, vol. ɪɪ, *Wandlungen des paradiesischen und utopischen*, Walter De Gruyter, Berlim, 1966, p. 210-250; J. S. Ackerman, *La Villa. De la Rome antique à Le Corbusier*, tradução francesa, Paris: Hazan, 1997 (particularmente os capítulos de 2 a 5, sobre as concepções romana e renascentista da *villa*); H. Brunon, Imaginaire du paysage et "villegiatura" dans l'Italie du xvɪᵉ siècle, *Ligeia*, 19-20, 1996/1997, p. 58-77.

30. Ver, por exemplo, a descrição da Villa Tusci, que começa com uma apresentação do sítio, "anfiteatro imenso, como só a natureza pode fazer, uma vasta planície circundada por montanhas, elas próprias coroadas por altos e antigos bosques [...]", e que Plínio finaliza assim: "Vós tereis o maior prazer em apreciar o conjunto da região do alto da montanha, pois o que vós vereis ali não vos parecerá um campo, mas antes um quadro de paisagem de uma grande beleza. Esta variedade, esta feliz disposição, onde quer que os olhos pousem, regozija-os" (*Lettres*, ᴠ, ᴠɪ, 13, tradução francesa, Paris: Les Belles Lettres, v. ɪɪ, 1927, p. 64). Ackerman assinala (*La Villa*, op. cit., p. 372, n. 23) que o *formam... pictam* de Plínio é, para certos comentaristas, um mapa. Este modo de ver paisagens *como* se elas fossem pinturas atravessa a história das relações com a paisagem. Ver infra capítulo 3.

31. Ver, para esta noção, o estudo clássico de E. R. Curtius, Le paysage idéal, *La Littérature européenne et le Moyen Age latin*, tradução francesa, Paris: PUF, 1956, t. ɪ, p. 301-326.

A atividade contemplativa encontra então, na visão da paisagem, o seu meio e sua riqueza. Em Bartolomeo Taegio ela toma a forma de uma verdadeira viagem, bem próxima de fato, no seu desenvolvimento e na sua expressão, daquela que é descrita a propósito do mapa-múndi pelos amigos de Ortelius:

> Estando na *villa* sozinho em meu abrigo, [...] só com a alma, sem mexer qualquer parte do corpo, imagino todas as partes do Oceano, abraço toda esta bola redonda que se chama Terra, descubro quantos mares a inundam, quantos lagos a banham, quantas ilhas, portos, recifes, montanhas, planícies, castelos, cidades, províncias e regiões nela existem[32].

Taegio descreve uma paisagem ou um mapa-múndi? Ele prolonga uma tradição literária antiga? Tudo isto ao mesmo tempo, sem dúvida. Mas é preciso que se veja, nestas voltas ou aproximações, a operação subjacente de um dispositivo geral de percepção e de pensamento que, no século XVI, estrutura a relação mantida com a superfície da Terra. É um novo tipo de experiência da Terra que procura, no plano das representações e dos discursos, os meios para sua formulação, frequentemente se servindo do universo dos modelos antigos (mas deslocando-o). Esta estrutura de percepção e de pensamento é o *teatro*.

Sob esta palavra, a cartografia, a pintura de paisagem e a vilegiatura compartilham seus objetos e discursos, quando não seus próprios meios formais. A superfície da Terra é ali apresentada como uma totalidade harmoniosamente ordenada, na diversidade de suas regiões e de suas qualidades. Mas sobretudo ela se oferece à distância, vista do alto, por um observador que de certo modo lhe faz face, como se lhe tivesse sido necessário separar-se dela para melhor compreender o que também o une a ela. A Terra é apresentada como um Todo do qual o ser humano participa e, de maneira concomitante, como um espetáculo diante do qual ele está colocado. Paradoxo constitutivo, sem dúvida, mas pelo qual a Terra e o homem recebem seu estatuto verdadeiro, de um lado uma imagem, de outro lado aquele que a contempla. Estrutura paradoxal do sujeito e do objeto, que se resume

---

32. B. Taegio, *La Villa. Dialogo*, Milão, 1559, p. 9 (citado por H. Brunon, Imaginaire du paysage et 'villegiatura' dans l'Italie du XVIe siécle, art. cit., p. 74). O texto continua assim: "E não contente com estas coisas baixas, alço voo nas asas do pensamento, e passando por todas as regiões do ar e da esfera do fogo entro no céu e deslizando pelo intelecto de esfera em esfera, e de uma inteligência pura a outra, me conduzo enfim ao próprio Deus. E depois, repleto de maravilhas, começo a retornar ordenadamente à consideração das coisas que Ele produziu; e subindo e descendo desta maneira eu atinjo o perfeito conhecimento deste mundo. Passo meus dias em grande alegria; a felicidade humana provém desta contemplação". Duas observações: a contemplação de Taegio na *villa* não é nada mais do que o percurso da cosmologia escolástica; este "voo da alma" é estruturado por uma alternância de olhares para o alto e para baixo, que corresponde à própria natureza da atitude do cosmógrafo no século XVI (cf. H. Hondius, G. Mercator).

na metáfora (mas também no recurso formal) do teatro, um teatro no qual o ser humano é ao mesmo tempo ator e espectador, ao mesmo tempo interior e exterior à cena, considerando-a como uma imagem. Talvez tenhamos atingido aqui, por meio deste dispositivo paradoxal, um dos recursos mais profundos do ato cartográfico moderno, que consiste em fazer do mapa uma *representação*, no sentido que Martin Heiddeger deu a este termo[33].

A comunicação entre a cartografia e a experiência paisagística (seja esta direta, na *villa*, ou indireta, na pintura) não se efetua, portanto, apenas no plano dos "conteúdos", mas também no plano de um dispositivo formal de percepção e de pensamento, estruturado pela relação sujeito/objeto. Parece-nos possível, então, colocando-nos neste nível de comunicação, esclarecer a concepção da Terra desenvolvida pelos cartógrafos da segunda metade do século XVI, e essencialmente por Ortelius. Mais precisamente, é possível vislumbrar nesta perspectiva formal as relações mantidas entre a cartografia e a pintura de paisagens. Assim, este dispositivo teatral, onde a Terra é apresentada como uma imagem e o homem é visto ao mesmo tempo como participante e exterior à cena, se manifesta na série de estampas chamada *Grandes Paisagens* realizada por Peter Brueghel antes de 1560, mas cujos esquemas de composição espacial se encontram em toda a obra futura do artista. A observação de algumas peças desta série nos dá um esclarecimento precioso sobre a concepção da Terra da qual partilham o pintor e seu amigo cartógrafo[34].

33. Ver, em particular, M. Heidegger, L'époque des "conceptions du monde", *Chemins qui ne mènent nulle part*, tradução francesa, Paris: Gallimard, 1962. Por exemplo: "O processo fundamental dos Tempos Modernos é a conquista do mundo como imagem concebida" (p. 123), e: "Se, portanto, precisamos o caráter da imagem concebida do mundo como o fato do existente ser representado, faz-se necessário, para poder apreender plenamente a essência moderna da representação, compreender e sentir, a partir desta noção utilizada de 'representar', a força original de nominação desta palavra: trazer diante de si reconduzindo a si (*vor sich hun zu sich her Stellen*). Por aí, o existente alcança uma constância como objeto, e somente assim recebe a marca do ser. O mundo tornado imagem concebida é inseparável do evento que faz do homem um *subjectum* em meio ao existente" (p. 120-121).

34. As *Grandes Paisagens* foram gravadas e editadas por Hieronymus Cock, nos anos 1555-1556. O gravador introduziu algumas modificações nos desenhos de Brueghel. Catherine Levesque estabeleceu a correlação entre as séries de gravuras de paisagem publicadas nos Países Baixos nos séculos XVI e XVII, e o desenvolvimento da cultura cosmográfica que, na mesma época, estes países conheceram. Ela põe em relação, em particular, a série das *Grandes Paisagens* de Peter Brueghel com as primeiras formulações de Ortelius para o projeto do *Theatrum* nos anos 1564-1567. Cf. C. Levesque, *Journey through Landscape in Seventeenth Century Holland. The Haarlem Print Series and Dutch Identity*, Pennsylvannia: The Pennsylvannia State University Press, University Park, 1994, cap. 1 - 2. Ver também J. Müller Hofstede, Zur Interpretation von Bruegel Landschaft: Äesthetischer Landschaftbegriff und stoïsche Weltbetrachtung, art. cit., p. 73-142.

A TERRA COMO PAISAGEM: BRUEGHEL E A GEOGRAFIA   31

As paisagens de Brueghel falam do mundo humano na riqueza dos seus detalhes corográficos e topográficos: cidades, aldeias, castelos, rios, montanhas, florestas, campos cultivados, pássaros, mas também na diversidade dos modos de utilização do espaço terrestre pelo ser humano: rebanhos guardados por pastores, semeador no campo arado, navios de diferentes tamanhos, carroças puxadas por cavalos, camponeses, mercadores, soldados e peregrinos são distribuídos na sucessão rigorosa dos planos do panorama diante do qual o espectador está situado. Pela reunião destes objetos sob o olhar, a paisagem se faz imagem do mundo, experiência visual do mundo terrestre. O mundo, mas também as diversas atividades humanas, bem como os tipos de investimento no espaço terrestre que as exprimem (o comércio, a agricultura, a guerra), se desdobram enciclopedicamente sob nossos olhos, como este vasto anfiteatro de que fala Plínio, o Jovem, aberto para as lonjuras.

Mas Brueghel não se contenta em mostrar a Terra, ele a mostra e a constitui explicitamente como espetáculo observado, como objeto contemplado. A paisagem bruegheliana é, com efeito, caracterizada pela maciça presença de uma base no primeiro plano que avança sobre o espaço diagonal do panorama terrestre. Clara divisão de dois planos, instalando como uma ruptura do sentido da experiência visual no próprio interior da imagem. Sobre esta base do primeiro plano, alto em relação à paisagem, Brueghel frequentemente situa um observador do qual, em geral, apenas se veem as costas ou o perfil. O significado destas figuras de observadores vai além do simples artifício de composição. Deve-se considerar estes personagens como delegados do espectador e do seu olhar dirigido para o mundo terrestre. Mais precisamente, deve-se compreender estes personagens como representantes de um pensamento do que é o mundo e do que é a visão possível do mundo. Brueghel coloca em cena não apenas o mundo, mas a relação visual entre um mundo e um olhar. Ele desdobra graficamente um recurso teatral no qual a paisagem terrestre ganha seu sentido de mundo para o homem que a contempla.

Não basta dizer que a paisagem bruegheliana é a expressão gráfica do antigo tema da Terra "vista do alto". Trata-se de entender que, nesta encenação, a superfície da Terra é deliberadamente representada como uma imagem a ser contemplada. A Terra não é apenas este espaço aberto à presença engenhosa do ser humano, como mostram os diversos detalhes reunidos pelo artista; ela própria é concebida e apresentada como espaço do qual é preciso se afastar, ou em relação ao qual é preciso se elevar para apreendê-la como imagem. Quem são de fato estes observadores, que colocam a questão do olhar que deve ser lançado sobre a Terra? Quais são suas ocupações? São soldados, peregrinos, viajantes: eles não vêm do lugar de onde eles olham, eles ali chegam; tampouco eles moram ali, eles passam. Ou então, se eles

Johannes ou Lucas Van Duetecum, Prospectus Tyburtinus, *gravura em água-forte e buril segundo P. Brueghel, o Velho (ca. 1550-1560), peça extraída da série* Grandes Paisagens. *Bibliothèque royal Albert Ier, Cabinet des Estampes, Bruxelas.*

Johannes ou Lucas Van Duetecum, Hieronymus in deserto, *gravura em água-forte e buril segundo P. Brueghel, o Velho (ca. 1550-1560), peça extraída da série* Grandes Paisagens. *Bibliothèque royal Albert Ier, Cabinet des Estampes, Bruxelas.*

Johannes ou Lucas Van Duetecum, Euntes in Emaus, *gravura em água-forte e buril segundo P. Brueghel, o Velho (ca. 1550-1560), peça extraída da série* Grandes Paisagens. *Bibliothèque royal Albert Ier, Cabinet des Estampes, Bruxelas.*

Johannes ou Lucas Van Duetecum, Milites requiescentes, *gravura em água-forte e buril segundo P. Brueghel, o Velho (ca. 1550-1560), peça extraída da série* Grandes Paisagens. *Bibliothèque royal Albert Ier, Cabinet des Estampes, Bruxelas.*

Johannes ou Lucas Van Duetecum, Solicitudo rústica, *gravura em água-forte e buril segundo P. Brueghel, o Velho (ca. 1550-1560), peça extraída da série* Grandes Paisagens.

Johannes ou Lucas Van Duetecum, Plaustrum belgicum, *gravura em água-forte e buril segundo P. Brueghel, o Velho (ca. 1550-1560), peça extraída da série* Grandes Paisagens.

A TERRA COMO PAISAGEM: BRUEGHEL E A GEOGRAFIA

pertencem ao lugar, são camponeses em repouso, sentados junto a uma cruz ou apoiados numa árvore, escapando, ainda ali, momentaneamente, da relação laboriosa com a Terra. Tudo se passa como se, justamente, fosse preciso não estar ocupado com o trabalho para estar em condições de apreender visualmente a paisagem como tal. Como se fosse necessário colocar o mundo à distância ou, mais exatamente, colocar-se à distância do espaço terrestre para percebê-lo em sua dimensão de paisagem. Como se não houvesse paisagem a não ser na distância de um olhar por assim dizer exterior, se não estrangeiro, um olhar que passa e julga. "Olha, olha, te digo, escuta, julga"[35].

Podemos então talvez compreender o que une o mapa-múndi e a representação artística da paisagem e, além disto, dar uma significação a este gesto que consiste em representar a Terra como uma paisagem. Nestes dois casos é preciso, por assim dizer, retirar-se, desprender-se da Terra para percebê-la como um todo. Não é preciso mais pertencer ao lugar para vê-la.

No entanto, esta visão só pode se efetuar numa imagem. O espaço terrestre é perceptível e intelectualmente apreensível como um todo unicamente na virtualidade de uma experiência imaginária, da qual o mapa-múndi e a representação da paisagem (a gravura?) são as condições e os suportes. Nisto, o mapa e a visão da paisagem são portadores de um novo gênero de experiência do mundo terrestre. Pode-se retomar aqui, adaptando-as à situação que descrevemos, as análises de Joachim Ritter sobre o nascimento da representação paisagística da natureza na Europa moderna[36], que já havíamos evocado no capítulo precedente a respeito de Petrarca. A representação moderna da paisagem, sublinha com efeito Ritter, é correlata ao desenvolvimento de uma consciência estética da natureza. Para aceder à natureza como paisagem, é necessário dispor-se a ir até ela para livremente contemplá-la, numa atitude "desinteressada", quer dizer, sem a intervenção de considerações práticas ou utilitárias. Há um prazer associado à pura contemplação da natureza, e a paisagem é, no fundo, revelada e alcançada nesta fruição estética.

No entanto, a paisagem não é apenas o lugar deste "prazer" tão especial que é o prazer estético; ela possui uma densidade cosmológica e ontológica insubstituível que, além do mais, assegura ao prazer estético uma vocação específica. Como já vimos, segundo Joachim Ritter, a representação paisagística é o prolongamento e a transforma-

---

35. Juste Lipse, *De ratione cum fructu peregrinandi*, carta a Philippe de Lannoy, 1578, traduzida em A. Brun, *Le chois des Epistres de Lipse traduites de Latin en François*, Lyon, 1619, p. 17-33 ("Vide, inquam, ausi, iudica").
36. J. Ritter, Landschaft. Zur Funktion des Ästhetischen in der modern Gesellschaft, *Subjektivität*, Frankfurt: Suhrkamp Verlag, 1980 (segunda edição), p. 141-190. Gérard Raulet publicou uma tradução francesa, incompleta, da primeira edição deste texto, em *Argile*, 16, 1978, p. 27-58.

Grandes Paisagens, *detalhes*.

ção daquilo que fazia, desde os gregos, o objeto da filosofia: a contemplação (*theoria*) da ordem do mundo. A paisagem é a ordem do mundo que se faz visível. Por consequência: "O nascimento da paisagem coloca então esta questão: que significa o fato de um elemento que, na origem, era traduzido exclusivamente pela teoria, passar a requerer uma representação estética?"[37].

Sem entrar na resposta a esta questão de Ritter[38], pode-se sublinhar o caráter decisivo desta relação de prolongamento e reinterpretação históricos que ele estabelece entre a contemplação "teórica" proveniente da Antiguidade e a contemplação "estética" própria da concepção moderna da paisagem. É neste plano da percepção sensível e do sentimento estético que a natureza passa a ser apresentada como totalidade e como cosmos, diz Ritter. A arte e a sensibilidade adquirem, da maneira que lhes é própria, a densidade de um ato teórico. Por qual razão? Noutros termos: qual vai ser a função da paisagem em relação à preocupação humana em desenhar um horizonte totalizador para sua existência, quer dizer, um mundo? Para responder a esta indagação é preciso de novo considerar as *Paisagens* de Brueghel.

Certamente a superfície da Terra ali está colocada em cena pelo artista como imagem a ser contemplada do alto, e na distância de um olhar de estrangeiro. Mas, neste recurso de representação, ela exibe um tipo de espaço e um modo de exploração deste espaço completamente específicos. Com efeito, tudo neste panorama nos fala de circulação, de caminhamento e de viagem. Os pássaros e os outros animais, os barcos, os veículos, os pedestres e os cavaleiros, são todo um povoamento que se dispersa sobre a superfície da Terra. O mundo

---

37. J. Ritter, Le paysage. Fonction de l'esthétique dans la societé moderne, art. cit., p.51, n. 27.

38. Ritter chama a atenção para o laço que une, a seu ver, a emergência da consciência estética e o desenvolvimento da objetivação científica moderna da natureza. A estética (portanto, a paisagem) é necessária justamente no contexto inaugurado pela ciência moderna: aquele de uma nova relação com o mundo (que foi caracterizada como uma relação de divisão). Ora, à ciência moderna "escapa", por uma questão de princípio, o mundo da existência ordinária dos homens: "A necessidade de uma verdade mediada pela estética é portanto fundada pela relação das ciências naturais com a natureza 'copernicana', ou seja, com uma natureza 'objetiva' extraída do contexto da existência e da intuição. [...] A paisagem é a totalidade da natureza que pertence, como 'mundo ptolomaico', à existência dos homens. [...] Não podendo mais o céu e a terra da existência humana aceder ao saber e à expressão na ciência como outrora, a literatura e a arte os traduzem esteticamente sob a forma de paisagens". Se, em linhas gerais, compartilhamos com Ritter a análise concernente à *função* da paisagem na sociedade moderna (poder-se-ia mostrar, a este respeito, a ligação entre a paisagem estética, tal qual Ritter a apresenta, e a noção de mundo vivido, desenvolvida pela fenomenologia), vemos com reserva a dimensão especificamente histórica de suas observações. Parecenos, com efeito, que Ritter "pula" o século XVI, ou seja, aquela situação de continuidade hermenêutica na qual a representação estética da paisagem é a tradução visual e a aplicação gráfica do antigo conceito da *theoria tou Kosmou*.

J. Hoefnagel, Vista de Velletri, *em G. Braun e F. Hogenberg,* Civitates orbis terrarum, *vol. 3, Colônia, 1583. Bibliothèque nationale de France, Paris.*

40 VER A TERRA

é um espaço onde se circula. E este mesmo mundo é animado por movimentos reais e possíveis, como o mostram as nuvens, os rios, os caminhos, as próprias montanhas e o horizonte aberto. A perspectiva que se abre em Brueghel, nesta articulação da paisagem e da viagem, é claramente a de um cosmopolitismo de tipo estóico, que faz da superfície da Terra, em sua totalidade presumível, o horizonte do habitat humano: "Nossa morada não é apenas este recinto limitado, é o mundo inteiro que os deuses nos deram como lugar de estadia e como pátria em comum com eles"[39].

Mas, além da relação desta visão do espaço terrestre com o pensamento estóico, que Brueghel compartilhou com Ortelius[40], é possível propor a seguinte hipótese, referente à função da representação paisagística e suas relações com a geografia: a paisagem *evidencia* aquilo de que trata a geografia, ou seja, a experiência sensível da Terra como espaço aberto, espaço a ser percorrido e descoberto. Mais amplamente, a representação da paisagem "encarna" graficamente o novo pensamento e a nova experiência da Terra como solo universal da existência humana, que têm lugar na geografia do século XVI na esteira das grandes navegações e da descoberta de novos mundos[41]. Em outros termos, aquilo que a "paisagem do mundo" bruegheliana dá a ver, sobre o plano da figuração sensível, é não apenas um novo sentimento do espaço, caracterizado pela experiência da transposição dos limites e do engrandecimento das escalas, mas é também um novo *conceito*, o da Terra como ecúmeno ampliado, como espaço universalmente habitável e aberto em todas as direções. A paisagem possui, a este respeito, o valor de uma verdadeira "essência estética"[42] (Baumgarten). Ela encarna a nova visibilidade da superfície da Terra.

Seria necessário agora seguir passo a passo, de imagem em imagem, a extraordinária *reportagem gráfica* realizada por Joris Hoefnagel da viagem à Itália que ele efetuou em 1578, em companhia de Ortelius[43]. Esta viagem, que conduz os dois amigos de Antuérpia a Nápoles, é o objeto de uma série de vistas, depois inseridas no tercei-

---

39. Cícero, *Da República*, I, XIII. Esta questão da viagem "cosmopolita" é abordada em C. Levesque, op. cit., e N. Doiron, *L'Art de voyager. Le déplacement à l'époque classique*, Paris: Klincksieck, 1995, cap. 1 e 2. Mesmo tipo de articulação entre cosmopolitismo, viagem e geografia, em Kant (ver nosso artigo La géographie selon Kant: l'espace du cosmopolitisme, *Corpus*, 34, 1998, p. 109-130).

40. Cf. J. Muller Hofstede, Zur Interpretation Von Bruegel Landschaft: Äesthetischer Landschaftbegriff und stöiche Weltbetrachtung, art. cit., *passim*.

41. Ver a respeito J.-M. Besse, *Les Grandeurs de la Terre. Les transformations du savoir géographique au XVIᵉ siècle*, Thèse, Université de Paris-I, 1999.

42. Ver a análise do lugar desta noção na estética de A. G. Baumgarten, em E. Cassirer, *La Philosophie des Lumières*, tradução francesa, Paris: Fayard, 1966, p. 332.

43. Uma tentativa neste sentido em L. Nuti, The Mapped Views by Georg Hoefnagel: the Merchant's Eye, the Humanist Eye, *Word & Image*, v. 4, n. 2, 1988, p. 545-570.

A TERRA COMO PAISAGEM: BRUEGHEL E A GEOGRAFIA 41

ro e no quinto volumes da *Civitates orbis terrarum* de G. Braun e F. Hogenberg. Observe-se a vista da cidade de Velletri, na qual uma inscrição no desenho original[44] nos diz ter sido ela atingida "(nel) la prima giornata da Roma a Napoli". Devemos nos reter em duas coisas. A primeira é que aquela vista, quando comparada formalmente, e também do ponto de vista de seu conteúdo, com as *Paisagens* de Brueghel, parece tomar delas o vocabulário e a intenção: a mesma abertura para as distâncias, o mesmo povoamento (rebanhos, lavradores), o mesmo tipo de animação da imagem pela presença de viajantes. A meditação gráfica de Brueghel e a observação corográfica de Hoefnagel parecem se corresponder e desenvolver o mesmo pensamento. Tudo se passa como se elas pudessem pôr em comunicação, dentro de uma única concepção geral da Terra, os registros das lembranças, da experiência e da ficção. Mas esta articulação, por meio de tal fusão, entre a visão imaginária (Brueghel) e a visão direta[45] (Hoefnagel) se confirma na presença, dentro da própria imagem, dos dois viajantes situados no primeiro plano. Estes dois viajantes são reencontrados em outras vistas da Itália. Eles são explicitamente designados como os próprios Ortelius e Hoefnagel[46]. A presença destes dois personagens atravessando a Itália não é fortuita. Ela não tem apenas a função de atestar o que é mostrado nas imagens ou de fixar uma lembrança. Deve-se considerá-la também como a assunção direta, efetiva, pelos humanistas do fim do século XVI, da nova concepção da Terra como espaço onde se circula em todos os sentidos, espaço que se descobre e que se frequenta. A presença de Ortelius e de seu companheiro nestas vistas paisagísticas atesta finalmente uma coisa fundamental: que esta concepção da Terra, que faz dela uma imagem a contemplar bem como um espaço a ser percorrido sem descanso, não é somente uma teoria, mas corresponde também a uma *prática* e a uma experiência novas da superfície da Terra. Em outros termos, que a Terra universal é o elemento de um novo modo de vida. Não se trata mais de apenas pensar, e de ver, mas também de *andar*.

A paisagem é assim, e insistimos neste ponto, não apenas o prolongamento do vocabulário antigo da "teoria" filosófica, mas também a ilustração visual da nova experiência geográfica do mundo. Nela, em consequência, uma consciência renovada do mundo terrestre pode encontrar a linguagem e as categorias que lhe permitem formular-se.

44. Conservado na Albertina Graphische Sammlung de Viena.
45. É preciso, sem dúvida, nuançar a distinção entre o ato de descrever e o ato de imaginar. As *Paisagens* de Brueghel, embora recompostas, apoiam-se particularmente na experiência da sua viagem à Itália. As *Vistas* de Hoefnagel, embora realizadas segundo a observação da natureza, são retrabalhadas pelo artista no momento em que ele se encontra na corte dos Habsbourg. Percebe-se, além disso, em particular na vista de Tivoli, que Hoefnagel estabelece uma relação de herança com seu predecessor.
46. Ver a vista de Tivoli, a vista do golfo de Gaeta, a vista do lago de Agnano.

No entanto, esta formulação não está livre de condições e tributos. A presença, em certas paisagens de Brueghel, de figuras no primeiro plano ostensivamente afastadas do espetáculo do mundo terrestre, e imersas na contemplação meditativa dos símbolos cristãos (Madalena arrependida, São Jerônimo), mas também, simetricamente, a representação de cruzes situadas dentro e diante do panorama visual, indicam bem que a relação com a paisagem, e mais precisamente com o mundo terrestre, é atravessada por uma interrogação fundamental dirigida ao olhar sobre o mundo, sobre suas formas e sobre sua legitimidade moral e espiritual. É preciso olhar o mundo? E como é preciso vê-lo? A que tipo de vida espiritual a observação do teatro do mundo terrestre deve nos conduzir?

3. Vapores no Céu. A Paisagem Italiana na Viagem de Goethe

O encontro de Goethe com a paisagem italiana não tem, à primeira vista, nada de exemplar. Quando, em setembro de 1786, Goethe se dirige ao sul, sem outro preparo a não ser a sua expectativa, ele cumpre um programa cujos elementos característicos tinham se fixado há tempos na Europa[1]. A viagem é então concebida como a prova obrigatória pela qual uma educação se completa, e içada ao nível das exigências da vida de um homem. Na viagem, ao sair da "escola", o intelecto deve verificar seu senso prático aplicando os conhecimentos adquiridos às circunstâncias, o espírito deve se desembaraçar das amarras da rotina e dos livros e, aprendendo a ver a natureza e os homens, atingir as condições de sua liberdade. O mundo é um prolongamento da escola, onde o espírito conclui sua formação segundo o estilo indefinido de sua liberdade pessoal[2].

---

1. Seguimos a edição bilíngue da *Viagem à Itália*, tradução de J. Naujac, Paris: Aubier, 1961.
2. "Viagem (Educação); os grandes homens da Antiguidade julgavam que não havia melhor escola de vida que a das viagens [...]. Hoje em dia, nos Estados civilizados da Europa, as viagens são consideradas, pelas pessoas esclarecidas, um dos componentes mais importantes da educação da juventude, e um componente da experiência entre os mais velhos. Utilidade das observações que um viajante pode fazer sobre os costumes, o caráter das outras nações, suas artes, suas ciências, seu comércio. Vantagens que as viagens à Itália proporcionam". Quadro analítico e explicativo das matérias da *Encyclopédie ou Dictionnaire raisonné des sciences, des arts et des métiers*, Paris, 1780, t. II, p. 880.

Goethe não sai precisamente da escola no momento de sua partida de Carlsbad. No entanto, a viagem pela Itália representará tanto uma liberação de tarefas pesadas, como uma reconciliação com as urgências de sua verdadeira vocação. Se ir à Itália é, como Goethe repete constantemente, aprender a ver o mundo ("ver [...] as coisas tal como elas são", Roma, 10 de novembro de 1786), o espetáculo que se abrirá diante dos seus olhos puros falará a Goethe numa língua muito antiga e muito profunda – a sua própria, que ele procurava, e que se dá a ele, repentinamente, na harmonia da luz: "um segundo nascimento, um verdadeiro renascimento, data do dia em que cheguei a Roma... Porque eu já tinha visto Roma e já sabia, de algum modo, onde eu estava. (Roma, 3 e 5 de dezembro de 1786)"[3].

A viagem à Itália, não esqueçamos, é *escrita* ao longo de quatro anos; segundo Goethe, os eventos relatados serão apresentados à luz do derradeiro sentido que eles terão proporcionado[4]. No momento em que Goethe parte, sua formação não está concluída, e é na Itália que ele vai se encontrar, que vão se fixar os principais traços da sua obra futura. Roma é uma escola que fará ressoar os esforços de Goethe na iniciação de si próprio.

Durante uma viagem recolhe-se de passagem tudo o que se pode, cada dia traz o novo, que rapidamente é pensado e julgado. Mas aqui está-se numa escola tão grande, onde um só dia ensina tantas coisas, que não se pode ousar dizer qualquer coisa a respeito. Sim, mesmo ficando alguns anos por aqui, seria bom observar um silêncio pitagórico. (Roma, 7 de novembro de 1786)

Esta ida de Goethe em direção ao real é, pois, ao mesmo tempo um retorno. Ir à Itália é mais do que simplesmente visitar um passado cultural[5]. A Itália, Roma: a origem, aquilo que repercute ainda como a intenção propulsora que fixou o destino da Europa. A importância que Goethe atribui a Paládio e o fervor com que ele mergulha em Vitrúvio indicam o quanto a viagem estética é também a busca de uma herança.

---

3. Cf. tradução brasileira de S. Tellaroli, São Paulo: Companhia das Letras, 1999, p. 175: "pois eu também vi Roma e, ao menos em certa medida, sei o que estou vendo". (N. da T.)
4. Para a "reconstrução" da viagem no sentido de um classicismo neopaladiano aplicável a Weimar, ver R. Schröder, La fiaba italiana di Goethe, em A. Meier, *Un paese indicibilmente bello, il "Viaggio in Italia" di Goethe e il mito della Sicília*, Palermo: Sellerio, 1987, p. 43-91. Pode-se também consultar a excelente síntese de J. Lacoste, *Le "Voyage en Italie" de Goethe*, Paris: PUF, 1999.
5. Ver René Michéa, *Le "Voyage em Italie" de Goethe*, Paris: Aubier, 1945. Primeira parte: Le voyage en Italie au xviiie siècle. Pode-se consultar, entre outros, o catálogo da exposição "Goethe en Italie", organizado em Dusseldorf em 1986 (edição italiana do catálogo: *Goethe in Italia*. Milão: Electra, 1986), e a coletânea de artigos reunidos por A. Meier, op. cit.

VAPORES NO CÉU. A PAISAGEM ITALIANA NA VIAGEM DE GOETHE   45

Leio Vitrúvio para que sopre em mim o espírito de quando tudo aquilo estava apenas saindo da terra. Tenho Paládio, que, na sua época, viu ainda mais monumentos em melhor estado, mediu-os e muito inteligentemente desenhou-os. E assim a velha fênix Roma ressuscita, como um espírito saindo de sua tumba[6]. (Carta a Knebel, 17 de novembro de 1786)

O deslocamento no espaço é simultaneamente uma travessia no tempo, em direção ao passado mais distante. Mas as paisagens reencontradas ressoam segundo o que elas evocam e tornam possível na dramaturgia pessoal do viajante. Se há um espírito que se afeiçoa ao lugar, é porque a viagem está nele ao mesmo tempo. A estadia, longe de nos deixar sempre perdidos no oceano das curiosidade inúteis, nos conduz, às vezes, em certos lugares privilegiados, a nós mesmos, nos faz reentrar em nós mesmos.

A leitura da história, em particular, é aqui totalmente diferente da de outros lugares do mundo. Noutros lugares ela é compreendida exteriormente, aqui, ela parece ser lida por dentro dela mesma. (Roma, 29 de dezembro de 1786)

Há uma concordância entre o movimento da história universal e o ritmo de uma biografia pessoal, que dá à viagem o sentido de uma iniciação. A contradição agostiniana, que impedia Petrarca de contemplar a paisagem a partir do cume do monte Ventoux[7], aqui está resolvida. Ver a paisagem italiana é captar a verdadeira Natureza, que é simultaneamente a ordem do cosmo e da alma humana, combinadas harmoniosamente num olhar. A paisagem italiana é vista por Goethe como reconciliação entre o exterior e o interior, entre o visível e o invisível. Esta paisagem é *vista* ao mesmo tempo como imagem idílica, evocação nostálgica, e como revelação da eternidade inapreensível da ordem cósmica, na tentativa de justificar a ideia de que uma totalidade rompida poderia ainda ser percebida em sua integridade a partir dos vestígios da separação. Toda aventura da paisagem, em particular das ruínas humanas e naturais que nela se dispersam, reside nesta tentativa.

Goethe tem muito o que ver. Diante da profusão das paisagens italianas, ele se desespera pela incapacidade de tudo apreender.

Em outros lugares é preciso procurar o que é importante, aqui, ele nos domina e nos preenche. Quer se esteja andando, quer se esteja parado, vê-se paisagens de todo o tipo [*Wie man geht und steht, zeigt sich ein landschaftliches Bild aller Art und Weise*], palácios e ruínas, jardins e terrenos vagos, horizontes distantes ou próximos, pequenas casas, arcos do triunfo e colunas, tudo tão próximo que se poderia pôr numa só folha. Seria necessário escrever com mil buris. De que serviria uma pena aqui? E depois, à noite, fica-se alquebrado, acabado, pelo tanto que se viu e admirou. (Roma, 7 de novembro de 1786)

6. Carta citada por R. Michéa, op. cit., p. 242.
7. Ver supra capítulo 1.

46 VER A TERRA

É preciso entender este lamento (a elegia: um lamento), onde se pode perceber os entrelaces de Goethe com o seu tempo. Goethe passeia pela Itália e recolhe paisagens características. Sabe-se que esta atitude é comum no século xviii[8], que se apaixona pelas *vedute*, as vistas topográficas, cujo valor documental, destinado à informação ou às recordações, é, no entanto, inseparável de uma dimensão pictórica. Há como um imperativo do pitoresco, indissociável de uma cultura do olhar, convidando-o a procurar e apreciar os lugares percorridos em função de determinantes pictóricos. Saber ver a paisagem como uma composição pictórica, encontrar nela um quadro possível, ou isolá-la do seu contexto, eis as qualidades que se espera de um viajante, corretamente interiorizadas por Goethe que se impõe a tarefa, na Itália, de exercer seu olhar apoiado nos conselhos de alguns guias esclarecidos.

> Depois do meio-dia visitamos a planície fértil e agradável que, desde as montanhas do sul, estende-se diante de Palermo; o Oreto serpenteia ali. Também aqui é preciso um olhar de pintor e mãos hábeis para criar um quadro, e Kniep captou um ponto de vista lá onde as águas represadas, sombreadas por um agradável grupo de árvores, jorram por uma barragem semidestruída; atrás, a montante do vale, uma livre perspectiva e algumas construções rurais. (Palermo, 4 de abril de 1787; ver também Roma, 23 e 24 de julho de 1787)

A paisagem nasce aqui, nesta postura: um olhar intencional é lançado sobre um lugar e destaca do conjunto vivo os elementos significativos que devem compor a cena, a imagem ou o quadro. A paisagem é representação, no intercâmbio incessante entre a pintura e a natureza, ou antes, na transposição pictórica da percepção da natureza.

É pelo olhar do artista que a natureza se revela numa imagem. No entanto, esses pintores, que leram tão bem dentro da natureza, não representaram somente uma natureza, mas a "magia" ou o "charme" indissociável da Natureza, e, sobretudo, a harmonia entre a paisagem e a sensibilidade daquele a quem a paisagem se oferece. Goethe reuniu numa fórmula lapidar todas as potencialidades teóricas e metafísicas desta transposição. Há, com efeito, uma *graça* na paisagem italiana, onde as vistas se oferecem sem que se as procure: "Wo man geht und steht ist ein Landschaft-Bild" (carta a Charlotte Von Stein, 7 de novembro de 1786[9]). Basta abrir os olhos para que imediatamente

---

8. Ver G. Briganti, *Les Peintures de "vedute"*, Electra France, 1971; J.-F. Chevrier, La photographie dans la culture du paysage, *Paysages-Photographies, mission photographique de la DATAR, 1984 / 1985*, Paris: Hazan, 1985; M. Conan, Le pittoresque: une culture poètique, posfácio a W. Gilpin, *Trois essais sur le beau pittoresque (1792)*. Paris: Le Moniteur, 1982; *Art et Nature em Grande-Bretagne au xviiie siècle*, textos apresentados por M.-M. Martinet, Paris: Aubier, 1980.

9. Goethe, *Goethes Briefe*, em *Werke*, Munique: Hamburger Ausgabe, Beck, 1981, t. ii, p. 19. Ver também: Palermo, 7 de abril de 1787: "Não se vê mais a natureza,

VAPORES NO CÉU. A PAISAGEM ITALIANA NA VIAGEM DE GOETHE   47

aflore o pressentimento de uma intimidade secreta entre a expectativa do olhar e a extensão que ele contempla, em que a natureza se *oferece* literalmente à visão. Se a viagem à Itália pode desempenhar o papel de confirmação de uma cultura herdada, e obtida pela frequentação assídua, desde a infância, das obras de arte ou de suas reproduções, quando Goethe afirma que na Itália ele reencontra o que ele já sabia desde sempre e antecipava sob os céus cinzentos do norte, esta expectativa enfim satisfeita pode ganhar também a dimensão de uma anamnésia. Se a paisagem era esperada por Goethe, a natureza italiana, acolhedora, antecipa, sem que se solicite, esta expectativa e confirma a existência de um objeto que corresponde ao seu julgamento interior. Basta estar *ali*: a Itália é, no espaço afetivo, um lugar natural para o viajante, onde o inesperado e a emoção do encontro exterior são os sinais do repouso reencontrado. "Sinto-me em casa no mundo e não mais como um estrangeiro exilado" (Trento, 11 de setembro de 1786). A paisagem italiana proporciona a harmonia possível entre o interior e o exterior, reunindo as condições da reconciliação afetiva com o eu, pela mediação do objeto contemplado.

Nas suas pesquisas sobre a ótica, Goethe dirá que existe uma profunda correspondência entre o olho e o objeto que ele vê[10]. A harmonia do mundo como paisagem desperta no sujeito a harmonia de suas faculdades internas. Encontra-se em Alexandre von Humboldt um comentário curiosamente próximo da experiência de Goethe:

> O mundo físico se reflete no mais profundo de nós, em toda sua verdade viva. Tudo o que dá a uma paisagem seu caráter individual – o contorno das montanhas que delimitam o horizonte, os planos de fundo vaporosos, a escuridão das florestas de pinho, a torrente que escapa do meio dos bosques e cai com estrondo entre as rochas suspensas – esteve desde sempre numa relação misteriosa com a vida interna do homem[11].

Nestas evocações pitorescas (Claude Lorrain, Salvator Rosa), tudo se passa como se a natureza, ao invés de ser entendida como unidade formal e legitimidade exterior dos fenômenos, fosse percebida em sítios privilegiados onde ela se concentra, onde ela contrai sua verdade para um olhar atento. A natureza torna-se visível na paisagem, não em sua objetividade científica (uma natureza newtoniana), mas como imagem, onde um sujeito pacificado reencontra uma natureza pacificada. A paisagem, mundo do olhar, reconcilia as faculdades

---

mas quadros, como os teriam destacado o pintor mais hábil".

10. "Se o olho não fosse solar / Como perceberíamos a luz? / Se não vivesse em nós a própria força de Deus, / Como o divino poderia nos encantar?", Goethe, *Traité des couleurs*, introd., p. 80, tradução de H. Bideau, Paris: Triades, 1986. Goethe adota aqui J. Böhme. Ver também *Conversations avec Eckermann*, 26 de fevereiro de 1824, tradução francesa, Paris: Gallimard, 1988, p. 103.

11. Alexandre von Humboldt, *Tableaux de la nature*, livro II: Cataractes de l'Orinoque, cap. I, p. 258-259, tradução de Ch. Galuski, Paris, 1868.

48   VER A TERRA

(razão e sensibilidade) separadas pela ciência. A contemplação e o
gozo se encontram. Mas, nesta serenidade aguardada, é uma sensibilidade de aspecto cambiante que desempenhará o papel principal:
porque a harmonia não é um objeto, e sim a luz secreta que brilha
através do objeto, e só pode percebê-la na paisagem o olhar com um
sentimento aberto aos acordes íntimos que religam o homem ao mundo. A teoria da natureza como paisagem só pode ser atenção e afeição:
o olhar sente nele mesmo a repercussão do que ele vê. Se a paisagem
é uma representação, esta imagem só encontra seu sentido metafísico
nos parâmetros de uma teoria sentimental[12].

No entanto, a paisagem romana, pela profusão do que oferece ao
olhar, é, para Goethe, uma inquietude. Como descrevê-la? A possibilidade de tudo "pôr numa só folha", o que faz de Roma tanto uma
enciclopédia como um labirinto, coloca o problema da confusão, do
turvamento da imagem devido à sobrecarga. Imagem turva. Mas é
justamente este aspecto amalgamado, multicolorido, que dará à paisagem italiana um caráter privilegiado. Assim como a onda leibniziana
contém, com efeito, os mil pequenos ruídos imperceptíveis de que ela
é a reunião confusa, a paisagem envolve uma infinidade de traços, que
se fundem como numa face. O infinito está diante do olhar, e Goethe se
pergunta como ele pode ser *visto*.

Se a paisagem é um quadro, Goethe, como o Wilhelm dos *Anos
de Viagem*[13], olha a natureza com os olhos do artista. Ele fala, em Ve-
neza, deste "dom que tenho há tempos de ver o mundo pelos olhos do
pintor cujas imagens eu acabo de gravar no meu espírito"[14] (8 de outubro de 1786). A referência pictórica contém diversos fins: ela guia o
olhar do viajante sobre os lugares que ele atravessa, ela dá a tonalidade das suas descrições e permite apresentar a fisionomia particular da
região, determinando a impressão que o viajante tem dela.

As tranças das mulheres amarradas na cabeça, o tronco nu e as vestes leves dos
homens, os bois de raça que eles trazem de volta do mercado, os burricos selados, tudo

12. Seria necessário confrontar a atitude de Goethe com o que, numa perspectiva
fenomenológica, diz Mikel Dufrenne a respeito da "sensibilidade geradora", própria da
experiência estética, que, segundo ele, "parece reivindicar as funções da inteligência".
Assim, é a sensibilidade que apreende o sentido do objeto estético, ou seja, a unidade singular imanente ao sensível no objeto, "e pode-se considerá-la generalizadora
na medida em que ela abarca um universal concreto. Pode-se também considerá-la,
com Bayer, 'capaz de abstração'. Ela o é sem deixar de ser sensível, ao contrário, com
a condição de nele mergulhar, de sempre retornar a esta espontaneidade anterior ao
conhecimento pela qual ela apreende o *eidos* do objeto" (*Esthétique et Philosophie*,
Paris: Klincksieck, 1967, vol. I, p. 65). Dufrenne fala mais adiante da dimensão esque-
matizante da imaginação.

13. Goethe, *Romans*, Paris: Gallimard, Bibliothèque de la Pleiade, 1954, p.1158.

14. Ver também Goethe, *Poésie et Vérité*, 2ª parte, livro 8, tradução francesa,
Paris: Aubier, 1941, p. 207-208.

VAPORES NO CÉU. A PAISAGEM ITALIANA NA VIAGEM DE GOETHE   49

isto forma um "Henri Roos" cheio de vida e de movimento[15]. (Trento, 11 de setembro de 1786)

Prática corrente à época, quando as relações geográficas descrevem as paisagens reencontradas, "assinando-as" com um nome de artista[16]. Esta fusão de arte e natureza, de paisagem pintada e paisagem real, que se resume de modo impressionante na arte dos jardins, implica a familiaridade do autor e do público com as obras evocadas. Familiaridade tornada possível, como prova a experiência do jovem Goethe em Frankfurt, pela difusão das gravuras e da literatura associada à descrição das obras. É nesta circulação geral de textos, imagens gravadas e nomes, que organiza o paralelismo entre a descrição da natureza e a descrição da pintura, que se perfila o horizonte de definição e de recepção da paisagem.

No entanto, entre todas as referências pictóricas utilizadas por Goethe na *Viagem à Itália*, há uma que se impõe, embora de modo progressivo, e às vezes secreto: é a de Claude Gellée (Claude *Lorrain*). Se os primeiros nomes invocados, ao se aproximar da Itália, são os dos pintores do Norte (Everdingen, Roos), a partir de Roma, e à medida em que ele se aproxima da Sicília, o nome de Lorrain aparece de um modo cada vez mais consciente e parece mesmo ordenar implicitamente as escolhas de Goethe nas suas descrições. A referência a Claude Lorrain, na qual nos deteremos, pode parecer, afinal de contas, muito banal. Sabe-se, com efeito, tudo o que a época deve à difusão da imagem claudiana da terra romana. Claude faz parte desses pintores, como dirá Pierre-Henri de Valenciennes, que "optaram por copiar a natureza tal qual ela é, tal qual pode ser encontrada na Itália e talvez em outros climas"[17]. No entanto, além do apelo ao que poderia não passar de um lugar comum, é lícito pensar que entre todas as "assinaturas", a escolha de Claude e, em particular, a escolha daquilo que nele é reconhecido como o traço característico do seu gênio (a

15. Henri Roos, pintor estabelecido em Frankfurt desde 1657. Suas paisagens italianas eram bem conhecidas pelo jovem Goethe. Na mesma página nota-se um uso análogo de Everdingen.

16. E. M. Manwaring, *Italian Landscape in Eighteenth Century England*, New York: Oxford University Press, 1925, ver p. 55, a propósito de Uvedale Price, bem como o capítulo VII: The Cult of the Picturesque.

17. P.-H. de Valenciennes, *Élements de perspective pratique à l'usage des artistes*, Paris, 1820, p.304. Cf. também Manwaring, op. cit., cap. IV: Italian light on English walls, em particular a p. 60 e a irresistível descrição de Marianna Starke nas suas *Letters from Italy*: "Uma bela paisagem de Claude Lorrain!!!! Do outro lado, uma quase igualmente bela, de Poussin! Sobre o armário uma paisagem, de Poussin!!!... um Claude!!!... duas paisagens de Claude!" A posição de Valenciennes em relação a Claude e a outros é mais reservada: "Terão eles afetado a imaginação? Terão eles feito a alma provar outro sentimento que não a admiração?" (P.-H. de Valenciennes, op. cit., p. 304).

50 VER A TERRA

harmonia vaporosa da luz), não é indiferente para quem quer apreender a intenção do projeto de Goethe na Itália.

Viu-se de que modo Goethe interpreta sua estadia na Itália como um novo nascimento. Mas este renascimento, que é acompanhado de múltiplas evocações de uma tranquilidade reencontrada, de um repouso da alma enfim obtido, corresponde ao contato com a livre natureza. Nesta perspectiva, o mergulho nas paisagens italianas é investido da dimensão suprema de uma viagem de iniciação, constantemente ritmada pelas emoções da expectativa, da surpresa e da serenidade conquistada sob um céu sublime. Goethe reencontra então Claude. Claude: o guia. A referência a Claude se inscreve no movimento do que é apresentado como uma revelação. É preciso então perguntar sobre o sentido de querer apresentar a natureza (não exclusivamente italiana, ainda que a paisagem italiana seja a "reveladora" privilegiada) com os olhos de Claude. Graças à referência claudiana, Goethe fixa uma imagem em nossos olhos. Ele organiza uma impressão. Mas por que a natureza deveria ser vista, e dita, como claudiana?

Carta de Goethe ao duque Charles-Auguste, de 25 de janeiro de 1788:

> Foi apenas quando cheguei a Roma que compreendi que não entendia nada de arte; que até então não tinha admirado e degustado nas obras de arte outra coisa senão o reflexo geral da natureza. Aqui se revelaram a mim uma natureza diferente, uma perspectiva artística mais vasta; diria mesmo que tive a impressão de não poder perceber o fundo do mistério da arte que dirigia meu olhar, com o mesmo prazer a que me habituara ao escrutar os mistérios da natureza. Eu me abandonei às impressões dos meus sentidos e foi assim que visitei Roma, Nápoles e a Sicília, para retornar à Roma no dia de Corpus Christi. Essas grandes cenas da natureza tinham me alargado a alma, tinham-lhe apagado as rugas; aprendi a compreender a dignidade da pintura da paisagem, vi Claude e Poussin com outros olhos[18].

Goethe evoca, neste extraordinário resumo de sua viagem, o duplo impulso que o levou da arte à natureza e o reenviou a uma compreensão mais profunda da arte, ou seja, das relações entre arte e natureza. Mais do que uma simples imitação, Goethe descobre na Itália a unidade profunda e misteriosa da arte e da natureza. Mas esta descoberta é, de início, o reencontro da natureza. Sabe-se, com efeito, que no mesmo momento ocorre a Goethe a ideia da *metamorfose*, que o acompanhará então por toda a vida. A exuberância dos jardins de Palermo reanima a ideia de uma "planta primitiva" (*Urpflanze*), da qual todas as formas vegetais seriam modificações ao infinito.

---

18. Carta ao duque Charles-Auguste, Roma, 25 de janeiro de 1788. Goethe, *Goethes Briefe*, em *Werke*, op.cit., t.II, p.79. Citada por G. Varenne, Goethe et Claude Lorrain, *Revue de littérature comparée*, janvier-mars 1932.

VAPORES NO CÉU. A PAISAGEM ITALIANA NA VIAGEM DE GOETHE   51

Várias plantas que normalmente vejo em caixas e vasos [...] crescem aqui ao ar livre, alegres e vivazes, e, como elas cumprem perfeitamente seu papel, nós as deciframos mais facilmente [...]. Será que eu não poderia descobrir no meio deste grupo a planta primitiva? Tal planta deve existir. Como eu reconheceria que esta ou aquela forma é uma planta, se elas não fossem todas feitas a partir de um modelo?[19] (Palermo, 17 de abril de 1787)

Por esta intuição da metamorfose e sob o vocábulo *Bildung*, Goethe tenta relacionar a experiência da modificação das formas e a exigência da continuidade da vida. Ele tenta aplacar o desespero de Werther ("Pode-se dizer 'Isto é', quando tudo passa? [...] quando cada ser só raramente consome a força que sua existência lhe confere e é arrastado pela torrente [...]?"[20], carta de 18 de agosto), extraindo a identidade do ser profundo da natureza (o modelo) sob a aparência da diversidade e da renovação das formas. Tudo passa, mas tudo se desenvolve segundo um tipo (*Urbild*) que fornece sua lei secreta à vida da natureza. A viagem à Itália permite a Goethe alcançar o supremo pensamento da natureza como atividade criadora, obra de si mesma, e recuperar assim a dispersão dos fenômenos sob a lei de uma forma em devir. É na apreensão da unidade viva da multiplicidade que será preciso então se fixar.

Ora, nesta modificação da concepção das relações arte/natureza em Goethe, Claude desempenha um papel decisivo. Se a pintura da paisagem, graças a Claude, adquire uma dignidade, esta dignidade é a expressão da função que Goethe dará à paisagem claudiana: a de uma apresentação sensível da *Urnatur*. Porque é sob um céu claudiano que se desdobrará aos olhos de Goethe a verdadeira natureza:

Acima da terra, escreve ele a Charlotte Von Stein, o dia todo paira um vapor que se conhece simplesmente pelos quadros e desenhos de Claude – mas é difícil ver este fenômeno natural tão bonito como aqui –, e agora flores desconhecidas saem da terra e novas florações, das árvores. [...] O céu é como um tafetá azul claro iluminado pelo sol. Como será isso em Nápoles!... Minhas fantasias botânicas estão reforçadas, e estou em vias de descobrir novas e belas relações, quer dizer, a maneira pela qual a natureza [...] desenvolve a diversidade a partir de um elemento simples[21]. (Roma, 19 de fevereiro de 1787)

Mas como ver a verdadeira natureza, e como a pintura de Claude permite isto?

19. Ver também: "eu ia passear à beira mar, calmo e satisfeito. Então eu tive uma iluminação em botânica. Comunique a Herder, por favor, que eu chegarei à planta primitiva, eu suspeito simplesmente que ninguém possa deixar de reconhecer nela o resto do reino vegetal" (Nápoles, 25 de março). Ver P. Sprengel, La 'Urpflanze'. La genesi della morfologia di Goethe in Italia, em A. Meier, op. cit., p. 123-135.

20. Goethe, *Les Souffrances du jeune Werther*, Paris: Gallimard, Bibliothèque de la Pleiade, 1954, livro I, p.49.

21. Ver também: "Sob este céu pode-se fazer as mais belas observações" (Nápoles, 17 de maio de 1787), a que se segue uma evocação da planta primitiva.

Não se pode exprimir com palavras a luz vaporosa que flutuava ao longo da costa quando, na mais bela das tardes, navegávamos rumo a Palermo. A pureza dos contornos, a maciez do conjunto, as gradações de tons, a harmonia do céu, do mar e da terra. Quem viu aquilo conservará sua lembrança por toda a vida. Somente agora entendo os Claude Lorrain. (Palermo, 3 de abril de 1787)

Goethe tinha já se deparado com esta atmosfera claudiana em Roma (em 19 de fevereiro), e ela o acompanhará até o fim da sua estadia (ver ainda 18 de agosto). Quando se tratar então de Goethe precisar explicitamente qual é a natureza "da cor da paisagem destes lugares", serão ainda os traços tipicamente claudianos que aparecerão. Há, com efeito, um gênio de Claude, segundo Goethe, que lhe permite apresentar a natureza "na sua eternidade". Claude, discípulo da natureza, soube fazer jorrar a harmonia da forma e da cor e deu assim, às suas paisagens, "a marca do repouso e da paz" (Alexandre von Humboldt). Há na paisagem ideal claudiana o espetáculo e a esperança de uma reconciliação com a natureza. É neste sentido que Goethe, ao colocar como legenda de sua *Viagem à Itália* a famosa "Et in Arcadia ego", faz desaparecer toda referência à ideia de morte, dando-lhe como único significado: "Eu também estive no país da alegria e da beleza"[22].

É na doçura harmoniosa das cores da imagem que se apresentará a reconciliação enfim possível. Na longa página em que Goethe busca resumir o que dá um valor característico às paisagens italianas, ele denunciará as oposições não resolvidas nas paisagens do Norte:

a maior beleza está no fato de que as cores vivas, já à pequena distância, são adoçadas pela tonalidade do ar, e de que os contrastes entre o que se chama de tons frios e quentes são muito evidentes [...]. Há ali uma luz, e ao mesmo tempo uma harmonia, uma gradação no conjunto, de que, no Norte, não se tem a menor ideia. Para nós, tudo é ou duro ou macio, multicolorido ou monótono. (Roma, 24 de novembro de 1787)

A natureza aparecerá em sua beleza em repouso quando os contornos dos objetos estiverem fundidos sem se apagarem, quando a luz estiver suavizada, quando as cores puderem deslizar suavemente umas sobre as outras e se esfumarem lentamente nas distâncias azuladas. Ao contrário do "mosqueado", por exemplo, que deixa subsistir o conflito das cores heterogêneas, a atmosfera vaporosa do céu dos planos de fundo permitirá unificar os elementos da paisagem e resolverá a diversidade numa espécie de indecisão harmoniosa "que faz o charme da natureza, que é tão difícil de reproduzir"[23].

É sintomático que a oposição geográfica entre o norte e o sul se inscreva nos termos herdados do ensinamento dos pintores. Antes

22. Ver E. Panofsky, *L'Oeuvre d'art et ses significations*, Paris: Gallimard, 1969, p. 301.

23. P.-H. Valenciennes, op.cit., p. 304.

VAPORES NO CÉU. A PAISAGEM ITALIANA NA VIAGEM DE GOETHE   53

de serem assimilados na literatura e na descrição da viagem propriamente dita, os termos empregados por Goethe servem, por exemplo, a Roger de Piles, em seu *Cours de peinture par principes* (1708), para indicar ao pintor como graduar imperceptivelmente o azul, do primeiro plano ao plano de fundo, e, sobretudo para o que nos ocupa, para incitá-lo a representar as distâncias da paisagem servindo-se dos "acidentes", ou seja, do jogo da luz com os vapores do céu[24]. Sobre a paisagem italiana se estende o véu da tradição pictórica europeia: na exaltação da nuance que suaviza, da doce explosão das cores, da graça imaterial e da tranquilidade da atmosfera, produz-se aquilo que a teoria da arte chama de "perfeição do colorido"[25].

O vapor tem um papel decisivo para estabelecer a harmonia na narrativa de Goethe. Sem dúvida, quando se assinala a existência de um ar vaporoso, é preciso ler aí o encaixe de dois níveis do discurso. É, com efeito, pela pintura que a natureza se revela, mas é no seio da representação pictórica, sob a forma (ou não forma...) do vapor, que um elemento concentra em si a possibilidade dessa revelação e da *passagem* da arte à realidade. Movimento de envolvimento da pintura e da natureza, que se articula em torno do lugar ocupado pelo vapor da atmosfera na estratégia do discurso de Goethe. É este lugar que é necessário cercar com mais precisão.

Sabe-se que a ótica de Goethe se ergue fundamentalmente contra aquela de Newton. No momento em que se impõe uma ótica matemática, Goethe repudia todo estudo quantitativo de uma luz "abstrata" e prolonga a tradição, reanimada por Athanasius Kircher[26], de uma fenomenologia do visível. Face ao sistema newtoniano, e talvez mais globalmente, face à normalização da percepção efetuada pela ciência pós-Galileu, Goethe tenta uma revalorização da experiência das qualidades sensíveis. Além disso, o fato de Goethe se fazer de pintor, quando ele olha a paisagem, pode ser mais do que uma simples anedota biográfica. Se, no *Traité des couleurs*, ele evoca a simpatia do colorista pelo seu trabalho, ou declara abordar "o estudo da cor pelo

---

24. R. de Piles, *Cours de peinture par príncipes*, Paris, 1708, p. 208-209 e 214-216. "A cor [do céu] é um azul que se torna mais claro à medida em que se aproxima da terra, por causa da interposição dos vapores [...] que, estando penetrados pela luz, a comunicam aos objetos", p. 209.

25. Diz Hegel: "Graças a esta idealidade, a esta interpenetração, a este vai e vem de reflexos e de relances coloridos, graças a esta variabilidade e instantaneidade das transições, graças também à luz, à profundidade, à doce e temperada luminosidade das cores, o todo se apresenta com uma aparência animada, como que iluminado pelo reflexo da alma, e é isto que faz a magia do colorido, magia própria ao pintor que a soube realizar", *Esthétique*, tradução de Jankélévitch, Paris: Flammarion, 1979, vol.3, p. 274.

26. Athanasius Kircher, *Ars magna lucis et umbrae*, 1646.

lado da pintura"[27], é porque a pintura mostra o que *falta* na objetivação científica: o mundo na experiência mesma da sua presença colorida. É Hegel que indica isso nas páginas tão próximas da análise de Goethe sobre as cores. "É somente a pintura que, graças ao emprego das cores, torna os objetos como que dotados de alma e de vida"[28].

A cor e a pintura como arte da cor dão aos homens o mundo em sua verdade sensível e vivente. Na cor encontra-se o que a geometria não alcança, a carne do mundo, que é o lugar mesmo da manifestação da sua essência.

O colorido que o pintor realiza, "longe de ser uma produção puramente arbitrária ou uma simples maneira adotada por razões contingentes, sem levar em conta a *rerum natura*, faz parte da natureza mesma da coisa"[29]. Vimos, em Joachim Ritter, como a estética pode constituir uma linguagem apropriada a esta experiência primeira do visível, que não pode ser apagada, e que, no entanto, a ciência pós-Galileu abandona ao arbitrário da sensação subjetiva. E, mais ainda, como as questões cosmológicas foram transferidas do domínio teórico para o domínio dos afetos[30]. Pode bem ser, com efeito, que a experiência afetiva da paisagem italiana, e em primeiro lugar o deparar-se com sua cor, ganhe, em Goethe, a dimensão de uma experiência metafísica[31].

Neste conflito de duas doutrinas, que é um conflito de duas linguagens, Goethe retoma a tradição longinquamente fixada de uma dramaturgia da luz. "Quando se vai falar de cores, não é a luz que se deve mencionar antes de tudo? [...] As cores manifestam como a luz

27. Goethe, *Traité des couleurs,* op.cit., p. 85. Ver M. Brusatin, *Histoire des couleurs,* Paris: Flammarion, 1986, p. 51-76; M. Elie, La résistence à l'optique newtonienne au XIXᵉ siècle, *Cahiers du séminaire d'epistémologie et d'histoire des sciences,* Université de Nice, n. 1, mai 1978; E. Escoubas, *Imago Mundi,* Paris: Galilé, 1986, p. 151-163.

28. Hegel, op.cit., p. 263. A escolha "colorista" de Hegel ("a tarefa do pintor consiste em *pintar*"), que recusa uma redução da representação pictórica às regras da perspectiva linear, se inscreve num debate muito antigo (cf. A. Bosse et l'Académie). Há de se remarcar, no entanto, que, nesse debate, a reivindicação da cor é acompanhada da valorização do "gênio" próprio do pintor, sua subjetividade, dirá Hegel, que escapa da regra da escola. Lembrando da definição célebre dada por Kant: o gênio, é a natureza que dá sua regra à arte (na *Crítica do Juízo,* 49), e fazendo uma aproximação com a designação de Claude por Goethe, como "gênio", "discípulo da natureza", obtém-se um conjunto bastante significativo para quem quer apreciar o interesse que a pintura de Claude suscita em Goethe.

29. Hegel, op.cit., p. 274.

30. Ver supra os capítulos sobre Petrarca e Brueghel.

31. É este o sentido da observação de Wittgenstein: "A doutrina goetheana relativa à gênese das cores do espectro não é uma teoria que teria se revelado insuficiente, na realidade, não é absolutamente uma teoria. Ela não permite predizer nada. Ela é antes um vago esquema de pensamento [...]. Não há também *experimentum crucis* que possa decidir a favor ou contra esta doutrina", *Remarques sur les couleurs,* 1, 70-71, TER, Mauvezin, 1984, p. 18.

VAPORES NO CÉU. A PAISAGEM ITALIANA NA VIAGEM DE GOETHE   55

atua, como ela reage. Neste sentido, podemos esperar que elas nos esclareçam sobre a natureza da luz"[32].
Paisagem: revelação da cor, destino e vocação da luz.

O evento do mundo para o homem começa pela cor: vê-se as cores, diz Goethe, antes de distinguir as formas. Mas a cor se desdobra em duas impossibilidades simétricas, ela surge como lugar da visibilidade entre dois extremos que anulam toda visão: a total transparência e a total opacidade. Ambas cegam. A transparência total é a pura luz, tal qual a estuda a ótica newtoniana. Mas a geometria é sem cor, ela é abstrata, invisível. O branco, registro colorido mais próximo da luz pura, é ainda ofuscamento rejeitado pelos sentidos, nele o mundo ainda não está *dado*. Inversamente, a opacidade total aniquila o olhar, fazendo-o desaparecer na obscuridade da matéria. Para que haja cor, mundo sob o olhar humano, são então necessárias, ao mesmo tempo, a luz e a obscuridade. A cor se dará como sombra na luz, ou traço de luz sobre a opacidade dos corpos. Síntese paradoxal onde jaz o visível: "a própria cor participa da natureza da sombra, eis porque Kircher tem razão ao chamá-la de *lumen opacatum*"[33].

O mundo visível é apresentado por Goethe como um grande organismo ritmado pelo diálogo entre a luz e a matéria tenebrosa, onde cada cor aspira, apelando pela sua complementar, à totalidade, onde em cada cor brilha a totalidade. Há uma viagem das cores, por deslocamentos, reencontros e fusões, que entre seu nascimento e sua morte deposita a tensão do real em sua própria carne. A "confusão" das cores é sua confluência, sua apresentação imediata em um Todo do qual não se pode abstrai-las logicamente, mas que elas animam numa intuição estética. Tensão de um real onde as relações geométricas, por sucessão, encontros e justaposições de pontos, linhas e planos, são menos decisivos do que os movimentos de expansão e de contração em torno de um centro último e invisível. Há duas profundidades, a da geometria das linhas de fuga, que é abstrata, e a que surge do poder espacializador das cores que, na sua oscilação, oferecem instantaneamente o real e sua vibração original.

As cores: uma cascata de eventos da luz, uma deflagração que repercute sobre os corpos e os faz ressoar como mundo ao olhar do viajante. Mas aqui é a sombra que faz ver. A luz que faz o visível não é vista nela mesma, ela deve passar pelo seu oposto, o opaco, para se mostrar sob a forma de cor, como sombra, por assim dizer, como

---

32. Goethe, *Traité des couleurs*, op.cit., prefácio, p. 71.
33. Idem, p.106, § 69. Aristóteles: "O visível [...] é a cor" (*De l'âme*, 418a). Lembremos de Melville ("o branco não é realmente uma cor, mas uma ausência visível de cor"), que fala da "ausência de Deus feita da ausência de toda cor", *Mobby Dick*, cap. 42: La blancheur de la baleine.

VER A TERRA

sua ausência. A luz, fenômeno originário (*Urphänomen*), se desdobra em sombras, mundo visível onde ela se apresenta como *vazio*. Luz presente porque ausente, presente como sua própria ausência: a cor é um discurso metafísico.

> Por um lado temos a luz, a claridade, por outro as trevas, a escuridão; coloquemos um meio turvo entre os dois. Destas oposições e com a ajuda do intermediário mencionado, nascem as cores que, opondo-se umas às outras e agindo umas sobre as outras, fazem-nos rápida e diretamente pressentir uma essência comum[34].

Se a cor é a expressão da tensão entre dois princípios, estes são ao mesmo tempo abstratos e invisíveis. É preciso um *meio* para que a cor apareça e o mundo seja possível. Este meio é chamado por Goethe de "meio turvo" ou ainda "meio material". Um espaço vazio – espaço da geometria – seria totalmente transparente, incolor, não perceptível. O mundo começa quando este espaço se turva, se enche de um conteúdo material, e quando surgem, segundo a opacidade variável desse espaço, as cores da vida. Sabe-se que Goethe recusa a teoria newtoniana da decomposição da luz branca em cores diferentes que seriam como que partes dela. "Nós estimamos que a ciência cometeu um grande erro ao considerar como primordial um fenômeno derivado e ao subordinar a ele o fenômeno primeiro"[35].

Para Goethe, que recusa o caráter exemplar da experiência newtoniana do prisma, a luz é una e indivisível. As cores não estão contidas *na* luz, elas são o seu *devir*. Trata-se aqui menos de extrair uma explicação atemporal das cores do que de apresentar a narração de seu nascimento diante do olhar.

Deste ponto de vista, o estudo dos fenômenos atmosféricos é decisivo, pictoricamente, afetivamente, ontologicamente. Com efeito, a atmosfera, o vapor (*atmos*), é a primeira *turvação* do espaço. O vapor colorido, o véu de bruma, é o próprio corpo da cor que surge diante dos nossos olhos: nascimento do mundo na paisagem vaporosa. O vapor, turvação reveladora do mundo no campo de visão, é o equivalente, *no sentido de uma gênese*, do prisma newtoniano. E a pintura de Claude Lorrain, que Goethe encontra na paisagem italiana, adquire o fascínio de um signo para uma experiência do irrepresentável. Nesta indiferenciação da luz e da matéria em que consiste a cor, onde "a suprema beleza se inflama [...] na matéria, [...] o imortal se integra inteiramente ao mortal"[36].

Assim, as descrições de paisagens italianas por Goethe assinalam regularmente a existência de um ar vaporoso que cobre as formas e

---

34. Idem, p. 130, § 175.
35. Idem, Ibidem.
36. F. Schelling, Philosofie de l'art, *Textes esthétiques*, tradução francesa, Paris: Klincksieck, 1978, p. 93.

as cores locais dos objetos. Esta atmosfera característica que se estende pelo céu tem como efeito atenuar a luz e produzir a unidade da paisagem, e cada cor particular, graças a este vapor suavizador, funde-se harmonicamente numa tonalidade de conjunto. Mas esta fusão de tons locais na harmonia vaporosa, que determina pouco a pouco uma impressão geral, torna possível, ao esfumar o limite material das coisas, ou seja, sua identidade, a travessia das aparências em direção ao infinito, luz secreta de onde elas provêm. "A claridade do céu, o sopro do mar, os vapores, graças aos quais as montanhas se fundem, por assim dizer, com o céu e o mar num só elemento"[37].

Os contrários são fundidos numa mistura que é o sinal da sua "essência comum". A harmonia, a tonalidade geral que unifica as cores, é a manifestação visível de um "fenômeno primordial" que literalmente brilha diante dos olhos do viajante. Esta contração da luz, que simultaneamente se desdobra nas cores, provoca uma intuição de totalidade, em que, no múltiplo, o olhar percebe a unidade primordial do Ser[38]. Este evento é o análogo, para a luz, daquilo que Goethe procura ver no organismo vivo: o fenômeno da metamorfose. A paisagem claudiana tem isto de fascinante: ela organiza as condições para esta revelação. Na formidável harmonia colorida (Roma, 18 de agosto de 1787), Goethe assiste, de modo análogo, como que em miniatura, o nascimento do real.

A paisagem é o mundo em redução, e o vapor da paisagem, o acesso à formação do mundo sob a forma de uma presença sensível. A claridade vaporosa do céu, revelando a cor ao olhar, assinala então, no discurso goethiano, um redobrar, que é a distância reflexiva onde se dá a narração do nascimento do mundo e que, sobretudo, indica o lugar onde a percepção direta desse nascimento é dada aos homens. O mundo está na Itália[39]. A paisagem italiana, como Goethe a contempla com os olhos de Claude, tem todas as características daquilo que ele chamará mais tarde de *símbolo*.

---

37. Goethe, *Voyage en Italie*, de memória, op. cit., p.559. Esta harmonia pode ser obtida também, inversamente, por uma espécie de esmagamento da mistura de cores locais sob o sol e o céu azul (Nápoles, 29 de maio de 1787).

38. "todos os fenômenos mostram-se submetidos a regras e a leis superiores que se revelam não por palavras e hipóteses dirigidas ao nosso entendimento, mas por fenômenos dirigidos ao nosso olhar intuitivo. Nós os denominamos fenômenos primordiais" (Goethe, *Traité des couleurs*, op.cit., p. 108). Relacionar com Senancour, *Oberman*, 3º fragmento, dando sequência à carta 38, de 8 de maio, ano VI, UGE, Paris, 1965. Comentário de M. Raymond, *Senancour, sensations et révélations*, Paris: Corti, 1965, cap. 8: Le paysage senancourien.

39. A Itália é o mundo, em miniatura. Ver as observações de J. R. Mantion (Figures de repos. Idylles et peinture de paysage, *Critique*, n. 467, abril, 1986), a respeito da interpretação errônea de idílio como "pequena paisagem", e a analogia entre o idílio e a paisagem.

VER A TERRA

A paisagem, numa intuição sensível que escapa às cadeias discursivas do entendimento, organiza num instante o reencontro patético da totalidade. Ela é a coincidência do universal e do particular, onde, sob o modo do afeto, se realiza o poder do conhecimento absoluto. A paisagem particular que se abre ao olhar deixa ver simultaneamente o todo: apreensão brusca da plenitude através do efêmero. Ela é símbolo, em íntima ressonância com o golpe de vista diante do qual ela se revela: "o verdadeiro símbolo é aquele em que o particular representa o universal, não como ilusão ou imagem, mas como revelação viva e instantânea do inexplorável"[40].

É preciso insistir sobre este valor do *instante*, que na experiência visual da paisagem não é simples momento que desvanece. Se o símbolo é apreensão instantânea do todo na própria visada de uma intuição particular, o instante, que é o meio onde se desenvolve este olhar sinóptico, se determina como o presente da apresentação do todo em sua ordem eterna. A concentração no instante permite apreender nele, de maneira abrangente, o passado, o presente e o futuro. No seu valor supremo de presença, o instante é "de valor infinito, porque ele é o representante de toda uma eternidade"[41]. Esta aptidão de concentrar numa intuição instantânea o movimento da metamorfose universal revela ao mesmo tempo a eterna presença do ser que "segue seu percurso através de todas as coisas"[42]. Seja na busca da Roma eterna[43] ou na busca da planta primitiva, a paisagem italiana não é então apenas a possibilidade de Goethe encontrar o repouso, numa espécie de recolhimento, porque este repouso só é atingido pela intuição da reconciliação possível dele próprio com a harmonia do cosmo, numa entrega ao "sentimento magnífico do presente"[44].

---

40. Goethe, *Maximes et réflexions*, 17, em S. Todorov (ed.), *Ecrits sur l'art*, Paris: Klincksieck, 1983, p. 273.

41. Goethe, *Conversations avec Eckermann*, 3 de novembro de 1823, op. cit., p. 79.

42. Goethe, Vermächtnis, em *Werke*, op. cit., t.I, p. 370. Sobre a concepção goethiana do tempo, ver K. Lowith, *De Hegel à Nietzsche*, Paris: Gallimard, Tel, 1969, p. 247-284, em particular as p. 258-259.

43. "Quero ver Roma, a Roma eterna, não aquela que passa a cada década" (Roma, 29 de dezembro de 1786).

44. *"herrliches Gefühl der Gegenwart"*, em *Divan occidental-oriental*, "livre de l'échanson", tradução de H. Lichtenberger, Paris: Aubier, 1940, p. 42. Num outro contexto, durante sua viagem à Suíça (1797), Goethe exprime um sentimento idêntico, constitutivo da relação que ele mantém com a paisagem: "Sinto-me aqui literalmente fechado num círculo mágico, identifico o passado no presente, contemplo o espaço total pelo prisma do entorno imediato, e, para dizer tudo, sinto-me num estado bastante agradável, porque creio de repente que aquilo que há de mais fugidio pode se tornar objeto de uma contemplação imediata", *Annales*, citado por M. Bakhtine, *Esthétique de la création verbale*, Paris: Gallimard, 1984, p. 255-256. Goethe evoca aqui a região de Pirmont, que lhe dá a ideia de um Guilherme Tell, do mesmo modo que a paisagem italiana inspirou *Nausicaa*. A emoção circulará de Goethe a Alexandre von Humboldt.

VAPORES NO CÉU. A PAISAGEM ITALIANA NA VIAGEM DE GOETHE   59

No entanto, no mesmo momento em que revela as cores do mundo, o vapor cobre a luz com um véu que a afasta. Esta presença distante dará uma coloração particular à disposição de espírito de Goethe na Itália. Se, com efeito, o vapor é a condição da aparição da cor, a cor azul que frequentemente reveste este vapor do ar vai revelar a aventura desta aparição ou, antes, seu *inverso*.

A cor é uma sombra, mas o *azul* é a evidência desta sombra[45], o apelo à obscuridade sempre presente no mundo aberto ao olhar do viajante, algo como o signo de uma distância inatingível onde a cor não desaparece.

Esta cor causa no olhar uma impressão estranha e quase inexprimível. Como cor, ela é energia; mas ela se encontra do lado negativo, e na sua maior pureza ela é, de algum modo, um nada que atrai. Há neste espetáculo algo de contraditório entre a excitação e o repouso[46].

O azul do céu, no instante do enlevo, não seria a evocação da nossa condição, da nossa condenação a sermos somente longe das coisas? O encontro com o "fenômeno primordial" faz surgir em Goethe um sentimento contraditório. Ele nota que: "a ideia de que a planta é apenas folha, e de que esta é tão inseparavelmente ligada ao germe futuro a ponto de não se poder pensar numa sem a outra, mergulha [-a] num estado ao mesmo tempo penoso e doce[47] (17 de maio de 1787)".

A paisagem italiana é apresentada por Goethe como o bom acolhimento ao seu apelo. No entanto, o apelo a uma plenitude do ser ressoa na distância, e nos deixa distantes, numa visibilidade sempre ameaçada. A cor azulada dos planos de fundo é o sinal sensível desta separação insuperável, teatralização desta distância do eu consigo e com o mundo que constitui a existência do homem. Neste sentido, a

"Nunca esquecerei, diz este, a impressão que me deixou a vegetação luxuriante dos trópicos, quando entrei pela primeira vez, numa noite úmida, numa plantação de cacau [...] no vale do Aragua, e que eu vi, longe do tronco, sobre uma raiz de Théobroma recoberta por uma camada espessa de terra preta, o desabrochar de grandes flores. É o caso em que a atividade das forças produtoras se manifesta na vida orgânica da maneira mais instantânea" (*Tableaux de la nature*, livre IV: physionomie des plantes, tradução francesa, nota p. 368). É no instante arrebatador de uma intuição que se resume o movimento mais profundo da vida.

45. "Um vapor claro azulava todas as sombras" (Palermo, 2 de abril de 1787). "O que emprestava ao conjunto a graça mais estranha [...] era um espesso vapor que se dispersava uniformemente sobre todas as plantas, e de um efeito tão sensível que os objetos [...] se destacavam uns dos outros por uma tinta azul claro mais pronunciada, de modo que, no fim, sua cor própria desaparecia ou, no mínimo, tudo se apresentava à vista fortemente nuançado de azul" (Palermo, 7 de abril de 1787). Cf. também: sobre o mar, 13 de maio de 1787.

46. Goethe, *Traité des couleurs*, op. cit., p. 262, § 779.

47. Citado por R. Michéa, *Le "Voyage en Italie" de Goethe*, op. cit., p. 413. Esta observação desaparece na edição definitiva do *Voyage*.

viagem goethiana é a expressão de um déficit ontológico no instante mesmo da sua resolução. Dispositivo melancólico. Paisagens atravessadas, percebidas no efêmero, onde surgem de repente plenitude, surpresa, desenraizamento e repouso. Mas cai-se novamente no mundo. É neste sentido que se poderá ler o relato que Goethe consagra à erupção do Vesúvio. Ele contempla esta erupção (que ele até lamenta não poder observar de perto devido aos preparativos da sua viagem à Roma) à noite, das janelas do castelo da duquesa de Giovane, que é de origem alemã. Tudo ali parece se resumir numa série de oposições secretas:

> Estávamos numa janela do andar superior, o Vesúvio bem diante de nós. [...] Dali até o mar, um rastro de matéria inflamada e de vapores incandescentes; no mais, mar e terra, rocha e vegetação, nítidos no crepúsculo, claros e calmos, numa paz encantada. Abarcar tudo aquilo num golpe de vista e ver, atrás dos cimos rochosos, a lua cheia a completar o quadro mais maravilhoso, era bem propício a provocar o espanto. Do lugar onde estávamos o olhar podia abarcar tudo aquilo num único relance, e mesmo que não se tivesse condições de examinar os objetos um a um, nunca se perdia a impressão deste conjunto grandioso. [...] Tínhamos então diante dos nossos olhos um texto, que milênios não seriam suficientes para comentar. [...] A bela mulher, iluminada pela lua, no primeiro plano deste quadro incrível, parecia-me tornar-se cada vez mais bela, e seu encanto aumentou ainda mais, sobretudo porque, neste paraíso meridional, ela me fazia ouvir um dialeto alemão muito agradável. [...] E assim eu deixava contra minha vontade a visão do plano de fundo e a do primeiro plano, bendizendo meu destino. [...]. Voltando, pensei comigo mesmo que, vista de perto, aquela fusão de lava, tão imponente, seria apenas a repetição de uma outra menor, e que tal relance, tal despedida de Nápoles, não poderia ter acontecido de outra forma. (Nápoles, 2 de junho de 1787)

É, por assim dizer, da Alemanha, de longe, que Goethe observa a Itália. E por ser constrangido pela sua partida a se afastar do que ele desejava ver, é que ele realiza este desejo[48]. O repouso que a paisagem italiana proporciona é vivido à distância, como uma tensão apaziguada, mas não resolvida. É apenas na forma de uma saudade que este espetáculo poderá sobreviver, mas esta será uma saudade fundadora: uma narrativa.

---

48. Ver o catálogo *Goethe in Itália*, op. cit., p. 71. Do mesmo modo, é partindo para Roma (8 de junho de 1787) que Goethe declara poder falar mais facilmente do que ele vivenciou.

4. A Fisionomia da Paisagem, de Alexander von Humboldt a Paul Vidal de La Blache

A PAISAGEM, ALÉM DA ESTÉTICA

Um dos postulados teóricos e historiográficos mais disseminados atualmente (e talvez dos menos discutidos) referentes à noção de paisagem na modernidade faz dela essencialmente uma representação de ordem estética, cuja origem seria, antes de tudo, pictórica. De fato, três termos são encadeados (representação, estética, pintura) para afirmar que a paisagem é, de maneira geral, uma construção cultural, que ela não é um objeto físico, que ela não deve ser confundida com o ambiente natural, nem com o território ou o país. A paisagem é da ordem da imagem, seja esta imagem mental, verbal, inscrita sobre uma tela, ou realizada sobre o território (*in visu* ou *in situ*).

A pertinência de cada um dos elementos que sustentam esta tese deveria ser discutida: a paisagem é verdadeiramente, e principalmente, da ordem da representação? É possível ficar satisfeito com esta definição restritiva da representação paisagística, que faz da paisagem uma noção e um valor essencialmente estéticos, construídos essencialmente na e pela pintura? É possível dar-se por contente em dizer que a paisagem é, de modo geral, uma estetização, uma "picturialização" do olhar lançado sobre a natureza?

Pode-se fazer quanto a isto uma primeira observação. Se se está de acordo que a paisagem é efetivamente uma produção cultural, as significações culturais que ela contém, e que são como que projeções da cultura sobre o "país", não podem ser reduzidas unicamente a significações estéticas: é preciso também fazer jus a outros olhares culturais lançados sobre a natureza, a outros universos de significação, a outros conceitos e a outras práticas que, tanto quanto a estética, são investidas no território (investidas no sentido mais literal do termo). Há o olhar do cientista, o do médico, o do engenheiro, o do religioso ou do peregrino etc. Em cada caso, o território é afetado por qualidades paisagísticas particulares, próprias ao interesse daquele que o considera. Assim, por exemplo, no seu livro consagrado ao nascimento da paisagem italiana, Piero Camporesi, mostrou bem que a "beleza" da paisagem italiana aos olhos dos viajantes (médicos, geógrafos, engenheiros) que percorrem o país nos séculos XVI e XVII, não é o efeito de uma apreciação "estética" no senso estrito do termo. Se a paisagem italiana, tanto urbana quanto rural, contém algum valor aos olhos dos que a frequentam, é fundamentalmente porque ela é humanizada, cultivada, ou seja, representativa da ação humana e, mais exatamente, *trabalhada*. Além disso, é certo que esses diferentes olhares, estéticos, científicos, técnicos, políticos e mesmo religiosos, se anunciam no interior de uma dada cultura, segundo uma modalidade que pode ser descrita historicamente ou sociologicamente. Parece, consequentemente, mais razoável encarar a questão da paisagem no âmbito de uma indagação *antropológica* geral sobre o desenvolvimento e as transformações das "culturas visuais" do que encará-la de modo restritivo somente no interior da esfera da estética.

Segunda observação: a posição que afirma que a paisagem é uma noção estética e que não pode, portanto, haver abordagem científica da paisagem, porque não há ciência do belo etc., é uma posição que se poderia chamar de "modernista". Ela assume sem complexo a desarticulação "moderna", em particular pós-kantiana, das diferentes funções da razão (conhecimento, julgamento moral, julgamento estético). Ela assume, particularmente, a dissociação entre conhecer e sentir, entre conhecimento e gosto estético. Nesta perspectiva, toda tentativa de "reconciliar", se assim se pode dizer, a estética com os outros setores do pensamento humano é denunciada como "arcaica", ou mesmo "reacionária". Pode-se, no entanto, sublinhar o fato de que, desde o século XVII, esta ruptura tem sido contestada e nunca se impôs sem dificuldade. Assim, por exemplo, os intercâmbios entre a ciência e a arte, no concernente à paisagem, são muito mais frequentes e muito mais profundos do que geralmente se supõe. A partir do século XVII, em particular nos Países Baixos, a descrição geográfica e a pintura de paisagem mantêm relações[1]. No século XIX, sobretudo, nas ciências da natureza, a questão da paisagem é explicitamente colocada, e a relação com os meios figurativos oferecidos pela pintura de paisagem

---

1. Ver supra capítulo 2.

A FISIONOMIA DA PAISAGEM, DE ALEXANDER VON HUMBOLDT A PAUL ... 63

é reconhecida. É o caso, por exemplo, da botânica, da geologia[2] e também, como se verá, da geografia.

Poderiam ser citadas aqui as observações irônicas de um dos primeiros mestres da geologia científica moderna, Albert de Lapparent, num artigo intitulado "La science et le paysage":

> Fomos conduzidos à conclusão de que o meio mais seguro de obter o pleno gozo de uma paisagem não é o de sempre se deixar absorver numa contemplação beata e um tanto inconsciente. Pode mesmo haver algum proveito em virar as costas por um instante ao espetáculo que encanta os olhos, e se deter em quebrar algumas pedras, para escândalo das boas almas as quais qualquer tentativa de análise de uma impressão estética assusta como se fosse um sacrilégio[3].

Como se vê, não se trata de recusar a abordagem estética, mas de analisar-lhe o conteúdo, as razões. Trata-se de acompanhar, ou de aprofundar, a estética pela ciência, como se o conhecimento se colocasse a serviço da fruição.

Mas Lapparent vai mais longe:

> Até aqui, raramente se demandou das nossas paisagens francesas do nordeste outras sensações estéticas que não a das águas claras e verdes prados, enquadradas por risonhas colinas onde o tom dourado das colheitas realçava o sombrio e majestoso colorido das florestas situadas nos cumes. Na verdade a tradição ali mesclava frequentemente lembranças de invasões e guerras civis. Mas eis que os mesmos sítios se põem a nos contar insistentemente sobre lutas, mutilações e conquistas de data bem mais antiga e, além disso, bem diferentes daquelas de que a história dos nossos pais está repleta; porque nenhuma vítima humana pagou com seu sangue os resultados obtidos; nenhum crime, nenhum ato de má fé veio enegrecer a realização regular das leis colocadas pela Suprema sabedoria[4].

Deixemos de lado as últimas palavras. Retenhamos sobretudo isto: que a paisagem conta, *sob* a fruição estética, uma *outra* história, ela desenvolve um *outro* sentido. Lapparent não evoca a história humana, mas a história da Terra, a história geológica, da qual a paisagem é a expressão visível. Assim, como ele ainda diz: "às vezes a paisagens de uma graça infinita é dado o encargo de contar os grandes feitos dos cursos d'água".

Estamos aqui diante de uma outra relação com o visível, diante de uma outra *noção* do visível. O visível conta algo, uma história, ele é a manifestação de uma realidade da qual ele é, por assim dizer, a

---

2. Ver entre outros, para a botânica, B. Hartley, The Living Academies of Natures: Scientific Experiment in Learning and Communicating the New Skills of Early Nineteenth Century Landscape Painting, *Studies in History and Philosophy of Science*, vol. 27, n. 2, 1996, p. 149-180, e, para a geologia, M. J. S. Rudwick, The Emergence of a Visual language for Geological Science 1760-1840, *History of Science*, xiv, 1976, p. 149-195.

3. Albert de Lapparent, *La Géographie*, viii, 1903, p. 193.

4. Idem, p. 195.

64 VER A TERRA

superfície. A paisagem é um signo, ou um conjunto de signos, que se trata então de aprender a decifrar, a decriptar, num esforço de interpretação que é um esforço de conhecimento, e que vai, portanto, além da fruição e da emoção. A ideia é então que há de se *ler* a paisagem.

É nesta perspectiva que estão situadas as ciências da terra no século XIX, e em particular a geografia, que fez da paisagem seu objeto específico, ao menos no início do século XX.

> Nós diríamos de bom grado, *escreve Max Sorre*, que toda a geografia está no estudo da paisagem: os outros meios de conhecimento, análise de estatísticas, análises históricas da evolução dos agrupamentos humanos com base em documentos de arquivos, servem somente para precisar, para completar, para ratificar as ideias que nós extraímos do estudo direto da natureza. Todas as ideias de um biogeógrafo são extraídas da contemplação da paisagem. É preciso estar no meio da natureza para sentir o ritmo da sua vida[5].

Não se trata, portanto, de negar o visível, mas de lhe atribuir, além da experiência sensível que dele se pode fazer, um outro estatuto, uma outra função: o visível revela algo. Ele exprime. O que quer dizer que ele não é unicamente uma representação.

Sem desprezar a existência e o papel das imagens e das percepções no processo eminentemente complexo da definição da paisagem, parece possível avançar a ideia de que a paisagem não se reduz a uma representação, a um mecanismo de projeção subjetiva e cultural. Dizer isso é adotar, de certo modo, o que se chama em filosofia uma posição "realista": é afirmar que há uma realidade além da representação. Uma observação significativa: a maior parte dos autores que adotam uma posição deste tipo não são historiadores da arte ou críticos de arte. Eles são antes geógrafos, sociólogos, historiadores, especialistas em ciências naturais ou sociais; eles são também planejadores, arquitetos ou paisagistas e, deste ponto de vista a sua relação com a paisagem é principalmente animada por uma intenção de conhecimento e de intervenção, ou seja, de *projeto*, sobre o território. Note-se enfim que, nesta perspectiva, o conceito de paisagem não é unicamente uma *vista*, é antes um *território* ou um *sítio*. Mesmo que este sítio ou este território sejam visíveis, seu *ser* não se reduz à sua *visibilidade*. O problema que se coloca neste último caso é o de conseguir apreender a relação entre a dimensão visível da paisagem e aquela que não é. Ler a paisagem é extrair formas de organização do espaço, extrair estruturas, formas, fluxos, tensões, direções e limites, centralidades e periferias.

Acrescentemos ainda uma observação: a questão não é em si aquela da visibilidade e do seu estatuto. Tanto um subjetivista quanto um realista reconhecem que a paisagem é da ordem do visível. A ver-

---

5. Max Sorre, *Les Pyrénées méditerranéennes. Etude de géographie biologique*, Paris: Armand Colin, 1913, prefácio.

A FISIONOMIA DA PAISAGEM, DE ALEXANDER VON HUMBOLDT A PAUL ... 65

dadeira questão é a do estatuto atribuído ao visível, da sua função, e mesmo da sua significação. Grosso modo: é o espectador que define a paisagem? Neste caso, o visível é relativo a um ponto de vista, a um enquadramento, é uma imagem. Ou há o visível, a paisagem, havendo ou não um olhar? Neste caso, o visível e a paisagem são pensados como objetivos, como uma face exterior, um rosto, uma fisionomia, e então o problema do espectador eventual consiste em se ajustar perceptivamente e intelectualmente a esta fisionomia: a paisagem não é uma imagem, é uma forma. Na verdade, estas duas posições, ou hipóteses, constituem dois polos extremos, entre os quais há uma tensão na experiência paisagística: uma tensão entre a atividade do espectador, de um lado, e, de outro, o fato de que há algo a ver, algo que se dá a ver. Uma posição subjetivista coloca o peso sobre o papel *constituinte* do olhar. O realista, por sua vez, coloca o peso sobre a ideia de que há algo além da representação, ele quer perceber no visível o traço de outra coisa que não é só o visível.

Do ponto de vista da historiografia, tal abordagem da paisagem, não como imagem estética, mas como território ou como país, permitiria sem dúvida a releitura da história do nascimento e do desenvolvimento da paisagem[6], a partir do século XVI. Obteríamos então, sem dúvida, uma compreensão mais complexa, e também mais rica, da noção de paisagem.

A PAISAGEM DOS GEÓGRAFOS: A FISIONOMIA DO ESPAÇO TERRESTRE

A fim de ilustrar, ou de valorizar, esta segunda "leitura" da paisagem – uma leitura que coloca provisoriamente entre parêntesis a questão da atividade constituinte do espectador, e que se indaga sobre a realidade efetiva do que é dado a ver, sobre a densidade própria do que se oferece à percepção – tomemos como exemplo a geografia, como ciência e como atitude diante do espaço terrestre.

O ponto de partida da análise geográfica seria, sem dúvida, o seguinte: mesmo sendo a paisagem uma dimensão do visível, esta paisagem é o resultado, o efeito, ainda que indireto e complexo, de uma produção. A paisagem é um produto objetivo, do qual a percepção humana só capta, de início, o aspecto exterior. Há como que um "interior" da paisagem, uma substância, um ser da paisagem que só deixa ver seu exterior. É, aliás, isto que dará, aos olhos de certos geógrafos, o limite da abordagem paisagística. Ao mesmo tempo, a intenção e a esperança científicas do geógrafo consistem em tentar ultrapassar esta superfície, esta exterioridade, para captar a "verdade" da paisagem.

6. Remetemos, para uma apresentação exemplar desta abordagem, a J. B. Jackson, *The Necessity for Ruins*, Amherst: The University of Massachusetts Press, 1980.

De que a paisagem é produzida? Tradicionalmente a resposta seria: a paisagem é o produto das interações, das combinações entre um conjunto de condições e de constrições naturais (geológicas, morfológicas, botânicas etc.) e um conjunto de realidades humanas, econômicas, sociais e culturais. São essas interações que, no tempo e no espaço, respondem pelas mutações percebidas nas paisagens visíveis. A paisagem é o efeito e a expressão evolutiva de um sistema de causas também evolutivas: uma modificação da cobertura vegetal ou uma mudança nos mecanismos da produção agrícola se traduzem nas aparências visíveis[7].

As concepções dos geógrafos, no que diz respeito à paisagem, à sua definição e aos meios de estudá-la, evoluíram desde o início do século xx. Certos elementos, no entanto, permaneceram relativamente estáveis. É o caso do conceito de *fisionomia*. Partamos da hipótese de que este conceito, tal como é entendido pelos geógrafos, pode contribuir na direção de uma reflexão mais geral sobre o conceito de paisagem. Daí a questão: qual é o sentido e o interesse em conceber a paisagem não como uma representação, mas como uma fisionomia ou uma expressão?

Este é um conceito fundador para a geografia do começo do século xx. Encontra-se frequentemente em Paul Vidal de La Blache – o iniciador do que se convencionou chamar de escola francesa de geografia – expressões como "fisionomia de uma região", "fisionomia de um país", "fisionomia da paisagem" ou "fisionomia da terra"[8]. Trata-se de levar em conta toda vez, retomando ainda uma expressão de Vidal de La Blache, a *característica* do território considerado, isto é, aquilo que o especifica e o distingue entre todos os outros, e que é preciso compreender. *Fisionomia* e *característica* não são representações subjetivas, não são seres fictícios forjados para as necessidades da análise pelo intelecto do geógrafo. São realidades objetivas, que identificam verdadeiramente um território, e que é necessário reconhecer, localizar, delimitar, tanto espacialmente como qualitativamente, a fim de "reproduzi-las", como diz Vidal de La Blache.

Eis então o que é preciso explicar: o aspecto do território não é apenas uma aparência sensível, uma aparência que se deveria rapidamente abandonar para reencontrar a sua verdade teórica. Ao contrário, é sobre o plano das aparências que é preciso se situar para apreender

---

7. Ver os exemplos dados no volume *Séquences / Paysages*, Paris: Hazan, 1997.

8. Ver, por exemplo, o artigo Des divisions fondamentales du sol français retomado como introdução em P. Vidal de La Blache e P. Camena d'Almeida, *La France*, Paris: Armand Colin, 1900, p. vii-viii. O conceito de fisionomia é ali apresentado por Vidal de La Blache como o fundamento da tentativa de síntese do geógrafo que estuda uma região. A noção de fisionomia permite recusar as divisões artificiais e os fracionamentos mecânicos do objeto geográfico. A fisionomia é "aquele algo de vivo que o geógrafo deve aspirar a reproduzir".

A FISIONOMIA DA PAISAGEM, DE ALEXANDER VON HUMBOLDT A PAUL ... 67

toda a sua densidade epistemológica e ontológica. O aspecto das coisas é uma realidade geográfica.

Mais sistematicamente ainda que Vidal de La Blache, um dos seus discípulos e colega, Jean Brunhes, fez da fisionomia o fundamento *objetivo* do saber geográfico. Por que é então preciso atribuir tal verdade ao aspecto dos territórios, sejam eles naturais ou humanizados (supondo-se que esta divisão faça sentido)? A resposta de Jean Brunhes é a seguinte: "Em todos os lugares [o homem] inscreve sua passagem por impressões que são objeto de nossos próprios estudos"[9].

A ideia já estava presente algumas páginas acima, a propósito do geógrafo alemão Friedrich Ratzel, de quem Brunhes assume explicitamente a herança:

> Ratzel, na verdade, renovou a maneira de compreender a humanidade e a atividade humana como fatos geográficos. Ele viu os homens como realidades que recobrem parcelas da superfície terrestre, revestimento vivo, digno da observação do geógrafo, da mesma forma que o revestimento vegetal ou o povoamento animal. [...] É certo que a geografia não é suficiente para explicar inteiramente a história, mas a história jamais se desenvolve sem que os homens, que são seus atores, pisem todos os dias com seus pés o solo terrestre e aproveitem os recursos da terra para sua alimentação. Não se pode compreender a vida econômica mais pacífica, tampouco a guerra, se se perder de vista estes verdadeiros "fundamentos" de toda atividade humana. Além disso, esta própria atividade se traduz por obras "visíveis e tangíveis", por estradas e canais, por casas e cidades, por terras desbravadas e cultivadas. [...] Há sobre o solo um traço contínuo do homem[10].

O que é então um fato geográfico? Uma inscrição. E quais são os objetos do olhar geográfico? Os traços, as impressões da atividade humana e, mais genericamente, da "vida", que passa sobre o solo, nele deixando suas marcas. A noção de *paisagem* encontra nesta definição do fato geográfico sua plena legitimidade. A paisagem, aos olhos do geógrafo, é uma impressão.

O geógrafo não é, aliás, o único a encarar a paisagem deste modo. Esta abordagem é também a do historiador, que coloca como princípio da análise histórica, no que concerne à paisagem real, que a paisagem é um testemunho humano.

E isto não só porque a paisagem apresenta ao olhar elementos não naturais: habitações, estradas, instalações industriais, limites de propriedade e de uso, todo um conjunto de sinais que marcam a influência de uma sociedade sobre o solo. Da mesma maneira, a natureza é humanizada, socializada, as formas naturais mediatizadas e transformadas pela intervenção humana. Aliás, isto também vale para os próprios componentes naturais: as formações vegetais primitivas

---

9. J. Brunhes, *La Géographie humaine*, Paris: Félix Alcan, segunda edição, 1912, p. 48.

10. Idem, p. 41. A respeito de Ratzel, ver nossa apresentação em *Les carnets du paysage*, 3, 1999, p. 103-120.

68 VER A TERRA

foram modificadas sucessivamente pelo cultivo e pelo abandono das terras (reflorestamento, desflorestamento). Do mesmo modo, a escolha das plantas cultivadas, o estilo dos campos, a distribuição das águas (agenciamento dos rios, irrigação) e o ordenamento das encostas exprimem a influência social. Marx, numa passagem célebre da *Ideologia Alemã*, já dizia mais ou menos a mesma coisa:

> Mesmo os objetos de "evidência sensível" mais simples só ocorrem pelo desenvolvimento social, a indústria e as trocas comerciais. Sabe-se que a cerejeira, como quase todas as árvores frutíferas, foi transportada para nossas latitudes pelo comércio, há apenas alguns séculos, e não é então senão graças a esta ação de uma determinada sociedade que ela se tornou uma "evidência sensível"[11].

O homem, prossegue Marx, está sempre diante "de uma natureza que é histórica e de uma história que é natural".

Aquilo que aparece espontaneamente na paisagem à consciência não reflexiva do espectador, aquilo que é apreendido imediatamente na experiência sensível, é, na realidade, a manifestação visível das relações econômicas, da produção dos bens e do comércio. Generalizando, a análise é válida também para a natureza, para aquilo que, em geral, é tido como natureza ou ambiente aos olhos dos homens: a paisagem da cerejeira ou a da oliveira é a expressão de uma natureza mobilizada pela história humana, que é uma história econômica e social. Isto tem uma consequência importante tanto para a questão da significação do visível, da paisagem, como também para a análise das paisagens: a paisagem possui antes de tudo uma significação social e econômica, e o que é preciso ler nos campos ingleses ou franceses são as relações econômicas e políticas que se traduzem em formas visíveis. A experiência "desinteressada" da natureza e a relação estética com a natureza são atitudes histórica e socialmente situadas. De modo mais geral: a paisagem é um artefato.

Assim, o aspecto de um território revela ao geógrafo os elementos de um "gênero de vida", ou seja, todos os elementos expressivos de uma interação homens-meio: paisagens, fatos etnográficos como vestimentas, lazeres, costumes etc., num determinado local da face do globo. Ali estão objetos que não são textos. Eles devem ser vistos para serem compreendidos. Se eles não são vistos no seu contexto de origem, podem ao menos ser observados nos museus etnográficos, que são como volumosos dossiês.

Em outras palavras, como diz Marie-Claire Robic:

> o terreno substitui o livro, o texto, e mesmo o arquivo do historiador. Ele adquire um valor heurístico fundamental, uma vez que constitui o substrato onde se lê a relação

---

11. K. Marx, *L'Idéologie allemande*, Paris: Editions sociales, 1970, p. 68-69.

A FISIONOMIA DA PAISAGEM, DE ALEXANDER VON HUMBOLDT A PAUL ... 69

homens-meio, que se torna, a partir do início do século xx, a problemática explícita da geografia humana francesa[12].

Mas é preciso entender por terreno o conjunto complexo que se oferece à experiência de um geógrafo que se desloca, que viaja, quaisquer que sejam os veículos da sua viagem. O terreno *se torna*, de fato, o grande livro a interpretar, no interior do qual todas as manifestações da vida num lugar da superfície terrestre estão reunidas. A metáfora da impressão que perpassa a proposta de Brunhes não lhe pertence propriamente. Ela comparece diversas vezes nos escritos de outros geógrafos, entre os quais Vidal de La Blache. Este, ao interrogar-se, nas primeiras páginas do *Tableau de la géographie de la France*, sobre o que faz a identidade geográfica do território francês, conclui com estas palavras: uma região torna-se, "com o tempo, como uma medalha que tem impressa a efígie de um povo"[13]. A mesma metáfora é explicitamente trabalhada por Vidal de La Blache ao fundar o conceito de região. As áreas da meteorologia, da geologia, da botânica, diz ele, "interessam, cada qual ao seu modo, ao geógrafo, pois contribuem em diversas formas para imprimir à superfície terrestre este aspecto de mosaico regional".

Vidal de La Blache prossegue com uma análise na qual é preciso se ater:

> A superfície terrestre é, de fato, o *substratum* comum em que os efeitos destes diferentes fatores se inscrevem em caracteres plásticos. Existe entre os fenômenos naturais um estreito encadeamento. Embora dependentes de causas diferentes, que convém estudar separadamente, eles reagem sem cessar uns sobre os outros. [...] Destas relações nascem os aspectos característicos. Cabe ao geógrafo lançar luz sobre os conjuntos originais que são produzidos na superfície do globo pelas combinações cheias de variedades que estes fenômenos realizam. Também neste sentido podem existir regiões naturais [...]. Elas resultam do conjunto dos fenômenos físicos que se combinam na fisionomia de um território[14].

Este texto é extremamente rico. No fundo, encontram-se nele os elementos de uma teoria geográfica das impressões: de um lado, uma superfície de impressão, a superfície terrestre, que é apresentada como um substrato, como uma espécie de massa plástica que pode acolher todas as inscrições; de outro, os diversos agentes de

12. M.-C. Robic, Interroger le paysage? L'enquête de terrain, sa signification dans la géographie humaine, em C. Blanckaert (dir.), *Le Terrain des sciences sociales. Instructions et enquêtes*, Paris: L'Harmattan, 1996, p. 362.

13. P. Vidal de La Blache, *Tableau de la géographie de la France*, Paris: Taillandier, 1979, p. 8. A imagem da medalha é reencontrada em diversos textos de Vidal de La Blache. A mesma ideia, formulada de outro modo, por Elisée Reclus: "O homem modela à sua imagem a região que ele habita" (*La Terre*, t. I, p. 718).

14. P. Vidal de La Blache, Régions naturelles et noms de pays, *Journal des savants*, 1909, p. 15.

impressão, que são as diferentes séries causais, que vêm inscrever seus efeitos sobre o substrato inicialmente dado. Neste mundo da plasticidade, que só possibilita uma modelagem ou um afeiçoamento (por exemplo, uma ação do homem sobre a terra), o fato geográfico se apresenta exatamente como uma *escritura*. A superfície terrestre é escrita: é a paisagem. É neste sentido que Eric Dardel entenderá a palavra *geografia*: há uma *grafia* objetiva da terra, e o saber geográfico é fundamentalmente o empreender a leitura e a decodificação destes signos da escrita que são os desenhos das costas, os contornos das montanhas, as sinuosidades dos rios e também as diferentes formas de estabelecimento humano sobre a Terra. "O conhecimento geográfico tem por objeto a elucidação destes signos, disto que a Terra revela ao homem sobre sua condição humana e seu destino"[15].

Pode-se destacar entre as intenções do geógrafo um outro traço, que nos permitirá compreender porque não é necessário abandonar o plano das aparências e da paisagem (ou do aspecto dos territórios), para captar-lhe a verdade. Vidal de La Blache, com efeito, distingue claramente dois planos nas realidades geográficas, embora ele especifique a atividade do geógrafo em referência a um só destes planos. De um lado, o geógrafo se ocupa de determinadas séries causais: meteorologia, botânica, geologia etc. Estas diferentes séries produzem fenômenos que se inscrevem na superfície do globo, mas estes fenômenos, ou estas inscrições, são explicáveis seguindo-se a cadeia das causas e dos efeitos de onde eles provieram. No entanto, não é neste nível que se encontra a especificidade da indagação geográfica. Esta deve ser buscada no nível das interações (das relações, segundo Vidal de La Blache) entre os fenômenos que dependem, por sua vez, de séries causais particulares. Num certo sentido, um modelo matricial. O plano propriamente geográfico é o plano das interações, das relações, das combinações, entre séries causais determinadas. Tudo se passa como se a realidade geográfica estivesse estruturada segundo uma dupla articulação: de um lado, um plano "vertical" em que se desenvolvem as séries naturais independentes e, de outro, um plano "horizontal", que pode ser chamado morfológico, que é o dos cruzamentos locais, das correlações, mas também das oposições entre estas séries de primeira articulação.

É possível que a noção de *meio* encontre aqui seu fundamento no que concerne à geografia: esta, com efeito, é a ideia de um

meio composto, dotado de uma potência capaz de agrupar e manter unidos seres heterogêneos em co-habitação e correlação recíprocas. Esta noção parece ser a lei mesma que rege a geografia dos seres vivos. Cada território representa um domínio

15. E. Dardel, *L'Homme et la Terre*, primeira edição 1952, reed., Paris: CTHS, 1990, p. 2. Ver infra capítulo 5.

A FISIONOMIA DA PAISAGEM, DE ALEXANDER VON HUMBOLDT A PAUL ... 71

onde são artificialmente reunidos seres díspares que ali se adaptam a uma vida comum[16].

Do ponto de vista geográfico, *dirá ainda Vidal de La Blache*, o fato da co-habitação, isto é, o uso em comum de um certo espaço, é o fundamento de tudo[17].

Assim, pode-se acompanhar no discurso geográfico, como prolongamento das considerações precedentes sobre a impressão e a plasticidade do *substratum* terrestre, toda uma problemática referente à relação entre as *forças* e as *formas* que estruturam as realidades geográficas[18]. Vidal de La Blache tem uma concepção plástica da realidade geográfica (não há, de um certo ponto de vista, realidade geográfica sem matéria flexível), que lhe permite vislumbrar as formas ou as entidades geográficas como produzidas pelo jogo de forças físicas de primeira ordem, se assim se pode dizer. A entidade ou ser geográfico se apresenta então como uma estrutura que aparece num espaço de descontinuidades qualitativas, ele mesmo atravessado por campos de forças heterogêneas.

A realidade geográfica se apresenta então como composta por três elementos fundamentais: um substrato plástico, uma energia de circulação, produzida pelos contatos entre forças opostas, e um conjunto de formas (a paisagem), que são como que o efeito desta energia sobre o substrato, justamente sua inscrição. É este último plano, o das inscrições, este plano da paisagem, entendida como fisionomia da Terra, que é o plano propriamente geográfico, aquele onde houve, efetivamente, *escrita* da Terra.

Mas qual é o princípio ou o guia da "leitura"? Em outros termos, o que é que, sobre o próprio terreno, no nível das impressões, cujas linhas o olhar persegue, conduz à afirmação da identidade de um objeto

16. P. Vidal de La Blache, *Príncipes de la géographie humaine*, Paris: Armand Colin, 1921, p. 7.

17. Idem, p. 104.

18. Deve-se evocar, neste sentido, as reflexões desenvolvidas nos anos cinquenta por Pierre Deffontaines e a efêmera *Revue de géographie humaine et d'ethnologie*, que ele tinha fundado com André Leroi-Gourhan. A geografia humana, diz ele, "é o estudo da obra paisagística do homem sobre o globo", ela tem "por domínio próprio o estudo das obras dos homens sobre a Terra, a obra visível, tangível, realizada por todos os homens, da marca deixada pela imensa caravana humana que se estende há séculos, de geração em geração, na superfície do globo" (*Revue de géographie humaine et d'ethnologie*, n. 1, 1948, p. 5). Sabe-se toda a importância que a geografia humana francesa e Deffonteinnes em particular tiveram para a maturação inicial da obra de J. B. Jackson nos Estados Unidos. Este último, criando a revista *Landscape* (1951), depois descrevendo e comentando as transformações da paisagem vernacular americana na segunda metade do século XX, pode ser considerado como um dos principais inspiradores do pensamento paisagístico contemporâneo. Ver, a propósito, o ensaio introdutório de D. Cosgrove na reedição do seu livro *Social Formation and Symbolic Landscape*, Madison: The University of Wisconsin Press, 1998, bem como nossa contribuição ("J. B. Jackson: de la géographie humaine au paysage") no dossiê que a revista *Le Visiteur* (n. 5, 2000) consagrou a J. B. Jackson.

verdadeiro? O conceito que permite resumir melhor o que o terreno oferece de especial para a geografia do começo do século é, como já foi dito, o conceito de fisionomia. Ele é encontrado em Brunhes e em Vidal de La Blache. "A geografia estuda", diz este último, "as expressões cambiantes que, de acordo com os lugares, a fisionomia da terra assume"[19].

Vidal de La Blache e Brunhes reivindicam, para este conceito, uma herança humboldtiana. É Alexandre von Humboldt, com efeito, que funda a geografia botânica em torno do conceito de fisionomia. Vidal de La Blache e, sobretudo, Brunhes, estenderão o campo de aplicação deste conceito bem além da botânica, uma vez que ele poderá ser aplicado, por exemplo, em Brunhes, aos tipos de habitat que o olhar pode descobrir e classificar na superfície do globo.

Recordemos a posição de Humboldt:

> Do mesmo modo que se reconhece nos indivíduos isolados uma fisionomia distinta, e que a botânica e a zoologia descritivas, tomadas na sua acepção mais estrita, se dedicam a separar em grupos os animais e as plantas segundo a analogia de suas formas, também existe uma fisionomia natural que pertence exclusivamente a cada uma das regiões da Terra[20].

Falar-se-á assim, prossegue Humboldt, de "natureza suíça", ou de "céu da Itália", para designar "o sentimento confuso das características próprias a esta ou àquela região"[21].

As consequências epistemológicas desencadeadas pelo conceito de fisionomia são consideráveis. Falar da paisagem em termos de fisionomia significa que se atribui à paisagem uma densidade ontológica própria. Se ela possui uma fisionomia, é preciso compreendê-la como uma totalidade expressiva, animada por um "espírito interno", do qual se pode extrair o sentido. Tudo se passa como se houvesse um "espírito do lugar", do qual a aparência exterior do território visado seria a expressão. A geografia é classificada aqui ao lado das disciplinas de interpretação, e a história dos problemas metodológicos da geografia sairia ganhando, sem dúvida, ao ser considerada no horizonte da história da hermenêutica. Dito de forma mais precisa, é possível haver interesse nas perspectivas abertas por uma "hermenêutica paisagística".

Nesta perspectiva, a geografia parece se definir *inicialmente* (mesmo se ela não é unicamente isto) como uma arte da percepção visual.

---

19. P. Vidal de La Blache, Les caracteres distinctifs de la géographie, *Annales de géographie*, 1913, p. 290.

20. A. von Humboldt, *Tableaux de la nature*, tradução francesda, Paris: Gide, 1868, p. 344.

21. Idem, ibidem.

A FISIONOMIA DA PAISAGEM, DE ALEXANDER VON HUMBOLDT A PAUL ... 73

Quando no começo do século, Jean Brunhes, em sua grande obra *La Géographie humaine*, coloca a questão da identidade do saber geográfico, sua resposta é imediata e categórica:

> Em que consiste o espírito geográfico? Quem é geógrafo sabe abrir os olhos e ver. Não basta querer ver. Em matéria de geografia física como em matéria de geografia humana, o aprendizado da visão positiva das realidades da superfície terrestre será o primeiro estágio e não o mais fácil[22].

Sob a consciência propriamente geográfica, há uma inteligência ou uma atitude primeira, um modo de se relacionar espontânea ou conscientemente com a realidade terrestre, que encontra seu fundamento essencialmente na operação do olhar. Brunhes sublinhará constantemente este ponto:

> Há um "senso geográfico" que comanda como que uma percepção mais realista de todas as manifestações da atividade humana [...]. Ver as formas precisas da realidade terrestre, vê-las em toda sua extensão material até suas zonas limítrofes, discernir-lhes as representações variadas em diferentes pontos do espaço, eis o que condiciona o espírito geográfico[23].

Jean Brunhes não está sozinho. Esta concepção da posição do olhar define também um programa científico e uma exigência metodológica. É o que nos permite perceber um discípulo distante de Vidal de La Blache:

> Nada substitui a visão e o estudo direto dos fenômenos sobre o terreno. O observador exercitado pode ali captar as relações múltiplas entre os fatores físicos e o homem, que escapam à descrição livresca ou à representação cartográfica. Mas veja bem, para ser capaz de fazer estas observações ao vivo, é necessário saber viajar e saber olhar[24].

Destaquemos três coisas, no que diz Ardaillon, que vão ao encontro de Brunhes: primeiro é preciso olhar; depois é preciso "ir ver", ir a campo, pois só o olhar direto permite atingir o objeto na sua própria natureza, não bastando o livro e a carta; mas, enfim, é preciso saber ver, o que significa ter aprendido o conjunto das técnicas visuais próprias para captar o objeto em questão.

A respeito do desdobramento desta metodologia do olhar geográfico, tomemos como ilustração um pequeno opúsculo de Pierre George (mas poderiam ser encontrados outros exemplos que não dão forçosamente os mesmos conselhos): *A la découverte du pays de France*. A obra se apresenta como uma obra de pedagogia geográfica

22. J. Brunhes, *La Géographie humaine*, op. cit., p. 683.
23. Idem, p. 723.
24. E. Ardaillon, Les principes de la géographie moderne, *Bulletin de la Societé de géographie de Lille*, t. 35, 1901, p. 19.

74 VER A TERRA

destinada ao grande público. O objetivo ali desenvolvido é o de um passeio inteligente, por assim dizer. Trata-se, diz Pierre George no prefácio, "de ajudar o *promeneur* ou o viajante curioso a captar os detalhes desta construção complexa que é uma paisagem"[25]. Pierre Georges fornece então ao seu leitor um conjunto de regras destinadas a guiar o olhar, um método de observação. Este se dá em dois momentos: num primeiro tempo o olhar deve ser *analítico*, e distinguir os diferentes elementos *particulares*, naturais e humanos que compõem uma paisagem dada (é uma "dissecação", diz o autor); mas num segundo momento o olhar deve chegar a uma consideração *sintética* do conjunto da paisagem. Estes dois movimentos do olhar, aliás, reforçam-se mutuamente, porque se é necessária uma "visão de conjunto" para não "matar" (a imagem é de George) por "um excesso de dissecação racional, [...] a paisagem viva que, ao contrário, se trata de ver, escutar, sentir viver", simetricamente a observação analítica dos elementos que particularizam uma paisagem permite evitar analogias abusivas.

O *promeneur* geógrafo é então aquele que olha, associa e dissocia o que ele olha, numa espécie de exercício constante da percepção. É um saber que progressivamente se estabelece, uma arte de julgar a paisagem. Mas esta atividade de julgamento, atividade ao mesmo tempo comparativa e discriminante, é antes de tudo uma atividade do olhar. Se o objeto é a paisagem, o sujeito deste julgamento é o olhar. O que vale dizer que uma reflexão sobre a geografia deve se articular a uma epistemologia dos saberes visuais, ou, mais exatamente, a uma indagação geral sobre o julgamento do olhar.

Retenhamos, de um modo geral, esta conjunção que se opera no interior da geografia, entre uma *metodologia* (que concerne ao olhar), um *contexto de exercício* (o contato com o terreno, a viagem), e a *promoção* de um objeto específico (no caso, as relações homens/terra tais quais elas se exprimem e se inscrevem na paisagem). Nesta correlação, não só um saber se estabelece e se desenvolve, mas, sobretudo, um "estilo cognitivo" se estrutura, ao qual se pode chamar de uma "inteligência paisagística". Talvez seja o caso de considerar o que sobrevive desta inteligência geográfica dos sítios na prática dos paisagistas de hoje[26].

---

25. P. George, *A la découverte du pays de France. La nature et les travaux des hommes*, Paris: Bourrelier, 1942, p. 3.

26. Cf. M. Collot, Corajoud, architecte et jardinier, *Pages paysages*, 7, 1998/1999, p. 160-169, bem como G. Descombes et al., *Voie Suisse. L'itinéraire genevois*, Fribzourg: Office du livre, 1991. Ver, em geral, J. Corner (ed.), *Recovering Landscape*, New York: Princeton Architectural Press, 1999.

5. Entre Geografia e Paisagem, a Fenomenologia

Meu deus distante não se afastou dois passos...[1]

YVES BONNEFOY

GEOGRAFIA, PAISAGEM E FENOMENOLOGIA

Partamos de uma proposição de Henri Maldiney traduzindo e, ao mesmo tempo, comentando um texto de Erwin Straus:

O espaço da paisagem é, de início, o lugar sem lugares do ser perdido. Na paisagem [...] o espaço me envolve desde o horizonte do meu Aqui, e eu estou Aqui somente ao largo do espaço de cujo horizonte estou fora. Nenhuma coordenada. Nenhuma referência. "Não há desenvolvimento da paisagem que conduza à geografia; nós saímos do caminho; como homens nos sentimos perdidos". [...] Sem dúvida podemos sair da paisagem para entrar na geografia. Mas aí perdemos nosso Aqui. Não temos mais um lugar. Não temos mais lugar[2].

---

1. Y. Bonnefoy, *L'Arrière-Pays*, Genebra: Skira, 1972, p. 21.

2. H. Maldiney, *Regard, parole, espace*, Lausanne: L'Age d'homme, 1973, p. 143. O texto de Erwin Straus citado por Maldiney é extraído de *Du sens des sens. Contribuition à l'etude des fondements de la psychologie*, agora traduzido nas edições Jérome Millon, Grenoble, 1989 (p. 515). Erwin Straus (1891-1975), neuropsiquiatra alemão residente nos Estados Unidos, desenvolve uma crítica da psicologia objetiva e propõe uma psicologia fenomenológica. O livro de Erwin Straus, publicado em 1935, exerce uma evidente influência em Merleau-Ponty, na *Phénoménologie de la perception*.

76 VER A TERRA

Sublinhemos esta distinção, ou mesmo esta oposição, que se faz entre *paisagem* e *geografia*: a paisagem não conduz à geografia, a geografia perde, esquece, abstrai a paisagem como tal[3]. Esta afirmação, diga-se logo, é duplamente intrigante, mesmo chocante, para quem se interessa pela história da geografia, pela sua epistemologia, e pelas relações que a geografia mantém com a filosofia (em particular com a fenomenologia). Intrigante, com efeito, por duas razões:

A geografia clássica (que é contemporânea de Straus) mantém uma relação de proximidade real e mesmo de intimidade com a paisagem, mais precisamente com a frequentação visual da paisagem, pelo menos desde Goethe e Alexandre von Humboldt.

Se não seguirmos nossa imaginação, *diz Goethe em "Viagem à Itália"*, e sim tomarmos a região (*Gegend*) em sua realidade, tal qual ela é, ela se mantém como o cenário (*Schauplatz*) decisivo que condiciona os grandes feitos, e é assim que, até aqui, sempre me servi de um olhar de geólogo e de paisagista (*geologischen und landschaftlichen Blick*) para conter a fantasia e o sentimento e conservar uma visão livre e clara dos lugares[4].

Do ponto de vista de uma metafísica da geografia, o sair para a paisagem, e o encontro, de início visual, com a paisagem, constituem como que a garantia de autenticidade e de verdade do saber geográfico. É o que testemunha, por exemplo, Julien Gracq, ao evocar, nos *Carnets du grand chemin*, as excursões geográficas das quais ele participava nos seus anos de estudante: "O sentimento de manter sob o olhar um conjunto de uma complexidade viva, de sentir agirem ainda ali, sem se deixar aprisionar na teia dos números, mil interações orgânicas, tinha qualquer coisa de apaixonante"[5].

Mais ainda, os geógrafos contemporâneos de Erwin Straus são conscientes da diferença entre carta e paisagem, e, se eles vão à paisagem, é justamente para compensar as insuficiências de uma representação unicamente cartográfica dos territórios. A geografia, neste sentido, como vimos no capítulo precedente, se apresenta e se quer como um exercício do olhar. Recordemos as palavras de Jean Brunhes. Ele pergunta: "Em que consiste o espírito geográfico?", e responde: "Quem é geógrafo sabe abrir os olhos e ver"[6] – e ainda, é

---

3. Sabe-se o que diz Péguy: "Eles tomam sempre a história pelo evento, a carta pelo terreno, a geografia pela terra" (*Note conjointe sur M. Descartes*, Paris: Gallimard, 1935, p. 282).

4. 27 de outubro de 1786. Goethe acrescenta um pouco adiante: "Mantenho os olhos sempre abertos e guardo bem os objetos no cérebro. Não gostaria de carregar qualquer julgamento, se isso fosse possível". Note-se que as palavras *Gegend* e *Schauplatz* são herdadas do curso de geografia de Kant.

5. J. Grecq, *Carnets du grand chemin*, Paris: José Corti, 1992, p. 150.

6. J. Brunhes, *La Géographie humaine*, Paris: Félix Alcan, 10ª edição, p. 683.

ENTRE GEOGRAFIA E PAISAGEM, A FENOMENOLOGIA 77

preciso também "saber viajar", para retomar as palavras de Ardaillon citado mais acima[7].

O dispositivo visual que se desdobra na frequentação das paisagens possui um caráter *fundador* para o saber geográfico clássico.

O segundo motivo de espanto, quanto à posição de Maldiney / Straus, reside na constatação de que a geografia contemporânea, a do tempo presente, mantém relações estreitas com a fenomenologia, em particular com as correntes fenomenológicas que se desenvolvem no meio das ciências sociais. Ela encontrou ali teorias e métodos que lhe permitiram renovar seus objetos, seus discursos, suas práticas. Para ser mais explícito, quando os geógrafos se interessaram pela fenomenologia e se apropriaram das suas problemáticas, aparentemente, não foram desencorajados pelo que liam, em particular por esta crítica à geografia que, segundo os fenomenologistas, abstrai a paisagem.

No campo de pesquisa próprio da geografia, a perspectiva fenomenológica se desenvolveu como uma resposta crítica (uma reação) à hegemonia do positivismo (assim como, no fundo, a posição de Straus em relação à psicologia é uma crítica do objetivismo). Como se sabe, nos anos cinquenta e sessenta, um novo paradigma se instalou na disciplina, cristalizado no conceito de *espaço*. A geografia tornou-se, de modo geral, o estudo das leis do espaço. Ela adotou procedimentos de "modelização" e de teorização, desenvolveu técnicas de quantificação e utilização de regras de administração da prova, análogas às que são conhecidas nas ciências da natureza[8]. A geografia, na sua versão positiva, tornou-se uma ciência social que estuda as distribuições espaciais, as estruturas espaciais, as circulações espaciais, os comportamentos espaciais de atores supostamente racionais e, portanto, "modelizáveis".

A fenomenologia apareceu nos estudos geográficos como o efeito de uma série de indagações sobre o objeto e o método da disciplina: o único objeto possível é o espaço da análise espacial? O único método possível é o método dedutivo-nomológico, tal qual herdado das ciências da natureza? A fenomenologia permitiu uma atitude mais aberta e mais flexível na definição dos objetos e na escolha dos métodos, o que testemunha, por exemplo, esta proposição de David Lowenthal, sob certo ângulo liberal em relação a uma concepção restritiva do ofício do geógrafo:

> Este não é um estudo da significação ou dos métodos da geografia, mas antes um ensaio de teoria do conhecimento geográfico. Os tratados metodológicos de Hartshorne

---

7. E. Ardaillon, Les principes de la géographie moderne, *Bulletin de la Société de géographie de Lille*, t. 35, 1901, p. 19.

8. Cf. J.-M. Besse, Axiomes et concepts de l'analyse spatiale, em J.-P. Auray; A.-S. Bailly; P.-H. Derycke; J.-M. Huriot (dirs.), *Encyclopédie d'analyse spatiale*, Paris: Economica, 1994, p. 3-11.

78 VER A TERRA

analisam e desenvolvem os princípios lógicos da geografia como ciência profissional, "uma forma de conhecimento, diz ele, que é diferente das vias do instinto, da intuição, da dedução *a priori* ou da revelação". Minha pesquisa epistemológica, ao contrário, tem a ver com todo pensamento geográfico, científico ou não: como ele é adquirido, transmitido, modificado e integrado a sistemas conceituais; e como o horizonte da geografia varia segundo os indivíduos e os grupos. De modo específico, é um estudo que está no domínio do que Wright chama geosofia: "A natureza e a expressão das ideias geográficas no passado e no presente [...] as ideias geográficas, verdadeiras e falsas, de todos os tipos de pessoas – não somente geógrafos, mas também fazendeiros e pescadores, homens de negócios e poetas, romancistas e pintores, Beduínos e Hotentotes"[9].

O ponto de vista fenomenológico, em geografia, permitiu abrir novos campos de pesquisa, suscitando o interesse pelas percepções, representações, atitudes diante do espaço. Além disso, ele tornou possível a utilização de novos métodos, demandando recursos para interpretação, descrição, introspecção, ou análise das comunicações. Ele fez aparecer, enfim, novos corpos de informações: os "discursos", as tradições literárias, filosóficas, religiosas, ou ainda as artes plásticas, são consideradas hoje como portadoras de saberes e significações geográficas.

O que pode significar a paisagem nesta perspectiva renovada? Ela é compreendida menos como um objeto do que como uma representação, um valor, uma dimensão do discurso e da vida humana, ou ainda, uma formação cultural. A paisagem "real" mesma (a "paisagem em verdadeira grandeza") é relativa a uma operação de "paisageamento": a ideia que a paisagem real, visível, é o produto, às vezes contraditório, de um conjunto de intenções e de ações humanas torna possível a aplicação de métodos iconológicos ao estudo da paisagem.

Por fim, tudo se passa como se a distinção e a oposição entre *geografia* e *paisagem*, sustentada por Maldiney e Straus, não correspondesse à prática real dos geógrafos, nem às problemáticas por eles trabalhadas. Esta constatação nos convida a fazer aparecer de modo mais explícito o que visa a fenomenologia filosófica, em particular na versão que lhe dão Straus e Maldiney. Qual o interesse desta distinção entre *paisagem* e *geografia*? Qual o interesse da paisagem para a fenomenologia?

A PAISAGEM EM ERWIN STRAUS, OU ALÉM DA GEOGRAFIA

Erwin Straus está na origem da distinção entre *geografia* e *paisagem*, que acabamos de ver em Maldiney, e ele é, até certo ponto, aquele que fundou esta intimidade entre o discurso fenomenológico e a noção de paisagem. A questão da paisagem é abordada e desenvol-

9. D. Lowenthal, Geography, experience, and Imagination: Towards a Geographical Epistemology, *Annals AAG*, 1961, p. 241.

ENTRE GEOGRAFIA E PAISAGEM, A FENOMENOLOGIA 79

vida (de modo definitivo, diz Maldney) por Erwin Straus no capítulo VII do *Du sens des sens*, onde o autor trabalha a diferença entre o *sentir* e o *perceber*. Sem entrar no detalhe da análise que Straus consagra à paisagem, pode-se tentar fixar os seus traços principais: "O espaço do mundo da sensação está para aquele do mundo da percepção como a paisagem está para o espaço da geografia"[10].

A geografia está do lado da percepção, a paisagem do lado do sentir. A percepção está do lado da ciência, ela é ciência iniciante. Ela supõe, com efeito, diz Straus, uma distinção entre o sujeito que percebe e o objeto percebido, assim como o estabelecimento de uma relação geral com a coisa: "O mundo da percepção é um mundo de coisas com propriedades fixas [...] num espaço e num tempo objetivos e universais"[11].

Straus desenvolve uma concepção intelectualista da percepção e uma concepção fenomenológica do sentir. O espaço da percepção é, nesta perspectiva, um espaço geográfico[12], porque ele define estados, posições e situações no interior de um espaço/tempo, munido de coordenadas gerais e de referências gerais. O espaço da percepção é da ordem da cartografia, ele é objetivável, ele é objetivo.

Ao contrário, a paisagem é sinônimo de *ausência* de objetivação. Ela *precede* a distinção entre sujeito e objeto, e a aparição da estrutura do objeto. A paisagem é da ordem do sentir. Ela é participação e prolongamento de uma atmosfera, de uma ambiência (*Stimmung*). A paisagem, diferentemente do espaço da percepção, é dada originariamente. Mais precisamente, ela corresponde à disposição original do ser. A paisagem, por ser paisagem original, paisagem da fusão ou da comunicação original do homem com o mundo, precede, então, toda orientação e toda referência. A paisagem é desorientação radical, ela surge da perda de toda referência, ela é uma maneira de ser invadido pelo mundo. Retornemos à frase de Maldiney da qual partimos: "O espaço da paisagem é, de início, o lugar sem lugares do ser perdido. [...] Nenhuma coordenada. Nenhuma referência. [...] "nós saímos do caminho; como homens nos sentimos perdidos" [...]. Não temos mais um lugar. Não temos mais lugar"[13].

O que significa esta relação desorientada com o espaço? O que significa este espaço sem lugar nem rota? O que é, no fundo, estar perdido, e o que quer dizer "se perder?"[14]. Straus desenvolve este ponto fazendo três observações:

A paisagem está ligada fundamentalmente à existência de um *horizonte*. Inversamente, o espaço geográfico não tem horizonte:

10. E. Straus, *Du sens des sens*, op. cit., p. 511.
11. Idem, ibidem.
12. Idem, p. 513.
13. H. Maldiney, *Regard, parole, espace*, op.cit., p. 143.
14. A paisagem: aquilo que desencaminha.

80 VER A TERRA

"Quando procuramos nos orientar em alguma parte, quando perguntamos a alguém sobre o caminho ou mesmo quando utilizamos uma carta, nós estabelecemos nosso Aqui como um lugar num espaço sem horizonte"[15].

A consequência imediata da presença desta estrutura de horizonte é que a paisagem significa ausência de totalização ou de síntese de sobrevoo, para retomar uma expressão de Merleau-Ponty[16]. A *abertura* própria da paisagem significa que na paisagem nos deslocamos de uma parte à outra. Não há paisagem senão *local*. Mais exatamente, nos deslocamos de um lugar a outro "no interior do círculo da visibilidade"[17]. O que quer dizer que não há paisagem sem a coexistência do aqui e do além, coexistência do visível e do oculto, que define a abertura sensível e situada para o mundo. Inversamente, o espaço geográfico é *fechado,* porque é sistematizado: "cada lugar deste espaço é determinado por sua situação no conjunto, e finalmente por sua relação ao ponto zero deste espaço decomposto segundo um sistema de coordenadas"[18].

Isto vale, acrescenta Straus, para *todos* os espaços geográficos, mesmo para o chamado espaço "dos primitivos". Esta observação "antropológica" é, na verdade, decisiva para o nosso propósito. Para Straus, a paisagem não corresponde somente, com efeito, a uma oposição entre o espaço geográfico, cartográfico, espaço da representação, de um lado, e o espaço "vivido", espaço do uso, espaço pré-reflexivo, de outro. Esta oposição, que não é ilegítima, é na realidade o prolongamento de uma oposição mais profunda: se há uma primitividade da paisagem, ela precede toda noção de uma "cultura primitiva", determinada nos moldes de um discurso antropológico. A paisagem, segundo Straus, não é uma categoria – e menos ainda uma experiência – antropológica. Ela é pré-cultural, pré-antropológica.

A paisagem é o espaço do sentir, ou seja, o foco original de todo o encontro com o mundo. Na paisagem, estamos no quadro de uma experiência muda, "selvagem", numa primitividade que precede toda instituição e toda significação.

Vê-se que a concepção desenvolvida por Straus traz uma ruptura com a concepção "clássica" que faz da paisagem uma "extensão de território que se pode abarcar num lance de vista". A paisagem significa participação mais que distanciamento, proximidade mais que elevação, opacidade mais que vista panorâmica. A paisagem, por ser ausência de totalização, é antes de mais nada a experiência da proximidade das coisas.

---

15. E. Straus, *Du sens des sens*, op. cit., p. 513.
16. M. Merleau-Ponty, *Phénoménologie de la perception*, Paris: Gallimard, 1945, p. 380.
17. E. Straus, *Du sens des sens*, op. cit., p. 513.
18. Idem, p. 513-514.

ENTRE GEOGRAFIA E PAISAGEM, A FENOMENOLOGIA 81

É a terceira observação de Straus que dá finalmente o sentido deste "estar perdido", que se exprime na paisagem.

No espaço geográfico, há um centro arbitrário e convencional, que vai, no entanto, adquirir um valor absoluto e relativizar minha posição: "Não estou mais no centro do sistema espacial como na paisagem envolvida por um horizonte"[19].

A determinação de um centro "objetivo" (o das coordenadas geográficas) provoca a descentralização e o questionamento da centralidade original do sentir, ou seja, do próprio corpo, na paisagem. Na verdade, na paisagem não se sabe propriamente onde se situar, não se sabe onde se colocar, não se sabe onde se está. Não há como reportar uma posição a um conjunto panorâmico, é-se o próprio centro original, que não pode estar referido a um outro centro sem perder sua dimensão de originalidade.

O que é então, finalmente, "perder-se"? E no que nos perdemos na paisagem? Perder-se é habitar o espaço, ou o tempo, de outro modo, é vagar de lugar em lugar, sem pressuposição nem finalidade. A paisagem significa ausência de plano e de programa[20], é a desorientação. A paisagem, diz ainda Erwin Straus, é como o canto dos pássaros, antes que nele percebamos uma melodia: é um deslizar de nota em nota, sem começo nem fim.

Este errar possui uma dimensão ontológica, ou antes, *não* ontológica: "Na paisagem não há imagens unitárias, não existe ser permanente"[21].

É preciso entender esta colocação sobre a dimensão não ontológica da paisagem em relação àquilo que diz Straus sobre a pintura da paisagem. É difícil pintar a paisagem, por razões de natureza: é que, de fato, a paisagem é *invisível* por essência. A pintura de paisagem autêntica, segundo Straus, não representa o que vemos, ela "torna visível o invisível, mas como algo subtraído, distanciado"[22].

A paisagem é o inobjetivável, o irrepresentável. Por consequência, ela não poderia ser representada, se isso fosse possível, senão como um excesso em relação à representação. A pintura de paisagem autêntica é aquela que exprime este excesso: a paisagem é não saber.

> A paisagem é invisível porque, quanto mais a conquistamos, mais nos perdemos nela. Para chegar à paisagem, devemos sacrificar tanto quanto possível toda determinação espacial, objetiva. [...] Na paisagem deixamos de ser seres históricos, ou seja, seres objetiváveis. Não temos memória para a paisagem, nem temos memória de nós na paisagem. Sonhamos à luz do dia e com os olhos abertos. Somos subtraídos do mundo objetivo e também de nós mesmos. É o sentir[23].

19. Idem, p. 514.
20. Idem, p. 516.
21. Idem, p. 512.
22. Idem, p. 519.
23. Idem, ibidem.

Não é possível, do ponto de vista de Straus, falar de um *saber* da paisagem, uma vez que o encontro com a paisagem significa desviar-se de todo o saber prévio e final; uma vez que, sobretudo, e mais radicalmente, a paisagem põe em questão toda instalação histórica e todo habitar o mundo. É preciso ir até este extremo da posição de Straus, que também lhe confere a singularidade: a paisagem não é uma permanência, este deslizar incoativo de lugar em lugar que a exprime, é propriamente inabitável. Toda vontade de conhecer a paisagem e todo esforço para habitá-la de modo refletido estão essencialmente ausentes dela. Como se não houvesse paisagem possível senão no exílio.

A TERRA E A HABITAÇÃO HUMANA: A GEOGRAFIA FENOMENOLÓGICA SEGUNDO ÉRIC DARDEL

Qual é então esse mundo que a humanidade moderna teria perdido e que a paisagem nos restituiria, esse mundo com o qual, graças a ela, nós poderíamos ficar em contato? É o mundo da vida, o "mundo natural", ou seja, o mundo como solo e centro original das referências do pensamento e da ação, mais precisamente, talvez, o mundo como Terra e Céu. O homem moderno perdeu este dispositivo topológico, marcado pelas oposições próximo/distante, horizontal/vertical, centro/periferia, que constituía outrora o quadro da existência humana e a estrutura do seu pensamento. A função da paisagem se precisa então: ela permite manter uma relação viva entre o homem e a natureza que o envolve imediatamente. A paisagem desempenha o papel da "mediação", que permite à natureza subsistir como mundo para o homem.

Ora, a geografia é transpassada pelo mesmo problema. Certamente, como ciência dos espaços e dos meios, ela se desenvolve no plano da explicação e por aí se abstrai do mundo, modelizando-o. Mas todos sabem que o saber geográfico é a expressão das aventuras de um olhar viajante. Originariamente, o saber geográfico é a repercussão ou o prolongamento de uma experiência. A geografia é frequentação do mundo e paixão pelo mundo na sua densidade e variedade fenomenal, ao mesmo tempo que é uma ciência do espaço. O geógrafo habita o mundo ao mesmo tempo que procura compreender-lhe as estruturas e os movimentos.

Neste sentido, a geografia deve ser considerada como fundamental para toda questão sobre a modernidade. E isto não somente por ela acolher e permitir o aprofundamento das indagações "positivas" concernentes às formas modernas da espacialidade, mas porque esta disciplina é exemplar do parcelamento das relações que mantemos hoje em dia com o mundo terrestre.

Assim, não é tanto a geografia como um saber positivo (inclusive nos problemas veiculados por esta própria positividade) que se deve considerar aqui, mas antes a geografia na medida em que ela se en-

ENTRE GEOGRAFIA E PAISAGEM, A FENOMENOLOGIA 83

carrega das relações que nós mantemos com o mundo terrestre, e na medida em que ela é uma indagação sobre as diferentes maneiras possíveis de falar deste mundo. Interrogando-a, nós retomamos de fato os recursos discursivos, conceituais, imaginários, que são os nossos recursos em relação ao mundo. Em suma, nós nos voltamos de modo reflexivo às categorias que permitem relacionarmo-nos com o mundo terrestre e que estruturam nosso discurso a seu respeito. A geografia é aqui vista não como conteúdo de saber, mas na dimensão de sentido que ela proporciona aos discursos e às ações em relação ao mundo, não como saber, mas como orientação em relação ao mundo.

O Lugar de Éric Dardel

Este tipo de indagação não é novo. Ele acompanha já há alguns anos a epistemologia da geografia, na variedade de suas práticas, em particular na chamada "geografia humanista" e na "geografia cultural". Uma das primeiras formulações deste tipo de perspectiva no interior da geografia se acha exposta no livro de Éric Dardel (1899-1967), publicado em Paris em 1952, e intitulado *L'Homme et la Terre*[24]. Dardel era geógrafo, no sentido clássico do termo. Ele publicou um certo número de textos consagrados à pesca marítima, onde seria bem difícil detectar algo como uma inquietude metafísica. No entanto, Éric Dardel logo abordou o domínio da reflexão filosófica e epistemológica, de início sobre a história (ele publica em 1946 uma obra intitulada *L'Histoire, science du concret*), depois sobre a geografia e a etnologia[25].

L'Homme et la Terre durante muito tempo ficou à margem da reflexão sobre a geografia. Mas talvez fosse melhor dizer que foi o próprio Dardel que deliberadamente se pôs à margem das problemáticas e dos discursos então dominantes – tanto dos discursos "oficiais" quanto dos "contestadores" – o que é, sem dúvida, a razão pela qual o livro de Dardel não teve à época o eco que tem tido, desde alguns anos, tanto na França quanto no mundo anglo-saxão.

24. A obra foi acolhida na coleção "Nouvelle encyclopedie philosophique" dirigida por E. Bréhier. Reedição em 1990 por Ph. Pinchemel e J.-M. Besse, Comité des travaux historiques et scientifiques, Paris. Esta é a edição que será citada doravante.
25. Para uma aproximação completa de E. Dardel, ver J.-M. Besse, Lire Dardel aujourd'hui, *L'espace géographique*, 1988, 1; J.-M. Besse, Géographie et existence, d'aprés l'oeuvre de Éric Dardel, posfácio à reedição de *L'Homme et la Terre*, op. cit.; Clara Copeta (org.), *L'Uomo e la Terra. Natura della realtà geographica* (tradução italiana da obra de Dardel, seguida de vários artigos críticos: A. Buttimer, C. Copeta, F. Farinelli, J.-P. Ferrier, B. Levy, J.-B. Racine, C. Raffestin, G. Semerari; alguns destes artigos foram retomados nos *Cahiers de géographie du Québec*, 1987), Milão: Unicopli, 1986; A. Labaste e Ph. Pinchemel, "Éric Dardel", *Deux siècles de géographie française*, seleção de textos (realizada por Ph. Pinchemel, M.-C. Robic, J.-L. Tissier), Paris: CTHS, 1984.

É preciso captarmos a dimensão real deste desprezo. Se o discurso de Dardel não foi então ouvido pelos geógrafos, não foi porque, tendo seu livro aparecido circunstancialmente numa coleção de filosofia, ele estivesse fora do campo das leituras efetuadas pelos geógrafos. A curiosidade dos geógrafos conduziu-os a muitos horizontes, e não haveria porque, *a priori*, eles se privarem deste...

A razão deste "esquecimento" parece ser mais profunda. Ela toca nos próprios princípios que os geógrafos estabeleceram nos fundamentos da sua disciplina. Não se pretende evocar aqui as premissas deste novo modo de fazer geográfico, que progressivamente se instalou nos anos cinquenta e se desenvolveu como uma análise espacial. Quando Dardel publicou seu livro, estas novas perspectivas do trabalho geográfico estavam longe de ter produzido resultados assinaláveis e abertos à discussão. Antes, é no interior da tradição clássica da geografia, aquela que foi lida principalmente por Dardel, que é preciso perceber as razões do seu trabalho ter sido ignorado. Se Dardel está *à margem*, é porque ele visa um nível de radicalidade na definição da geografia, que transborda singularmente as análises propostas, na soleira dos anos cinquenta, nos meios dos geógrafos de ofício, no que concerne ao objeto e ao caráter científico da disciplina.

Dardel efetua o trajeto inverso dos geógrafos do fim do século XIX, um trajeto que conduziu a geografia, das reflexões filosóficas de um Karl Ritter ou de um Alexandre von Humboldt, ao estabelecimento de um discurso positivo, científico, sobre a Terra. Mais precisamente, um trajeto que os conduziu a substituir um conjunto de reflexões gerais sobre as relações entre o homem e a Terra, sobre o sentido da presença terrestre do homem do ponto de vista da sua história, e mesmo de seu destino individual e coletivo, por uma análise dos meios e dos gêneros de vida (problemática científica). Certamente, um Vidal de La Blache não deixa esquecer o que ele deveu a estas reflexões, em particular às de Ritter, quando se tratou dele colocar os fundamentos da geografia humana. Mas sabe-se que seu propósito é constituir, antes de tudo, um discurso positivo.

Assim sendo, se Dardel ficou *à* margem é porque ele, na realidade, trabalhou *na* margem, neste intervalo que separa a ciência, no caso a geografia, e a filosofia. Neste intervalo, Dardel deliberadamente colocou o problema dos fundamentos filosóficos, ao mesmo tempo epistemológicos e ontológicos, da geografia. Ele colocou a questão do *sentido* da geografia para o ser humano. Dardel quer conduzir o geógrafo a prolongar de modo radical a questão da sua identidade. Não se trata somente de perguntar: "O que é ser geógrafo?", mas é preciso compreender que esta pergunta sobre a identidade do geógrafo remete mais profundamente a uma outra, que é a seguinte: "O que é habitar geograficamente a Terra?", o que é, na verdade, uma redundância para Dardel, porque não há, a seu ver, outra habitação senão a geográfica.

ENTRE GEOGRAFIA E PAISAGEM, A FENOMENOLOGIA 85

A questão do sentido da atividade geográfica é trabalhada em dois níveis por Dardel. O primeiro nível de indagação é, por assim dizer, interno à geografia como saber constituído. O desafio aqui é inicialmente epistemológico, no sentido de que se trata de determinar o estilo próprio ou a singularidade científica do saber geográfico, seu objeto, seu método, confrontando-o, em particular, com o modelo dominante da cientificidade que é representada pelas ciências da natureza, mais precisamente confrontando-o com o que poderíamos chamar um modelo galileiano ou newtoniano da ciência.

Mas num segundo nível, sem dúvida mais fundamental que o primeiro, mas dele resultante, a indagação sobre a geografia deve exceder o domínio circunscrito da epistemologia. A geografia não pode mais ser vista somente na perspectiva de uma indagação sobre seu grau e sua forma de cientificidade. Porque, segundo Dardel, a geografia não é prioritariamente uma ciência, mesmo se ela se torna uma. Neste nível, a geografia é definida por Dardel como uma dimensão originária da existência humana. Por consequência, a questão sobre a geografia deve ser ligada a uma questão mais ampla, mais fundamental também, mas no interior da qual a geografia ocupa um lugar decisivo: é a questão do ser do homem. Questão que não é mais "geográfica" no sentido estrito do termo, mas que tem uma dimensão ontológica. Todo objetivo de Dardel será mostrar que a geografia está envolvida, em sua própria essência, por esta indagação ontológica concernente ao homem, e que é ali que ela encontra finalmente seu sentido mais verdadeiro.

A Geografia: Uma Fenomenologia do Espaço

Os passos de Dardel a respeito da geografia como ciência não deixam de evocar aqueles de Merleau-Ponty nas primeiras páginas da *Fenomenologia da Percepção*, nas quais desenvolve uma reflexão geral sobre o significado filosófico da fenomenologia. Com efeito, tanto em Dardel como em Merleau-Ponty, a partir de Husserl, trata-se de retornar a uma visão primeira do mundo que é a pressuposição de toda ciência, e que fornece ao intento científico seu verdadeiro sentido.

A concepção científica do mundo é considerada, tanto por um como pelo outro, como abstrata, e provavelmente absurda, se ela própria não se percebe como o prolongamento e a expressão de um movimento original, que começa na percepção muda das coisas e do mundo e conduz à linguagem. Trata-se então de retornar, filosoficamente falando, de uma maneira não regressiva, a este mundo anterior à ciência, do qual a ciência proveio, mas cuja presença ela afasta. Trata-se de restituir à ciência sua dependência em relação ao "mundo da vida" do qual ela pretende ilusoriamente se abstrair, do mesmo modo que a geografia é dependente, diz Merleau-Ponty de modo significativo, "em relação à paisagem na qual nós primeiro aprendemos o que é uma floresta, um prado, ou um rio"[26].

Na mesma perspectiva, Dardel se coloca a tarefa de restituir, à consciência científica do geógrafo, a dimensão ou a profundidade primitiva da sua presença no mundo, tal qual ela a descobre na sua existência terrestre. Porque a geografia científica é um ato antes de ser uma representação científica, e este ato é o prolongamento de uma outra geografia, uma geografia original, que se desenvolve e se descobre na existência. "A ciência geográfica", diz Dardel, "pressupõe que o mundo seja compreendido geograficamente, que o homem se sinta e se saiba ligado à Terra como um ser chamado a se realizar em sua condição terrestre"[27].

Mas como nomear esta outra geografia? E, sobretudo, como atingi-la?

A Materialidade do Espaço Geográfico

É claro para Dardel que os métodos provenientes das ciências da natureza não podem dar conta do fenômeno geográfico como tal. A geografia não pode ser uma ciência de tipo explicativo. Ela não pode construir seu discurso sobre o modelo dedutivo-nomológico que é privilegiado pelos representantes do positivismo científico. Esta impossibilidade epistemológica tem a ver com a natureza do próprio objeto da geografia, ou seja, com a natureza do próprio espaço geográfico. As primeiras páginas de *O Homem e a Terra*, nas quais Dardel constrói uma oposição entre espaço geométrico e espaço geográfico, são muito reveladoras das suas concepções:

> O espaço geométrico é homogêneo, uniforme, neutro. Planície ou montanha, oceano ou selva equatorial, o espaço geográfico é feito de espaços diferenciados. O relevo, o céu, a flora, a mão do homem, dão a cada lugar uma singularidade de aspecto. O espaço geográfico é único; ele tem um nome próprio: Paris, Champanhe, Saara, Mediterrâneo.
>
> A geometria opera sobre um espaço abstrato, vazio de todo conteúdo, disponível para todas as combinações. O espaço geográfico tem um horizonte, um modelo, cor, densidade. Ele é sólido, líquido ou gasoso, largo ou estreito: ele limita e ele resiste[28].

Quando Dardel utiliza a noção de espaço geográfico, ele se afasta por antecipação das intenções de geometrização da geografia, às quais se assiste há uma trintena de anos, ele não visa o objeto construído pela análise espacial contemporânea, ele não visa o movimento geral de modelização espacial dos fenômenos sociais. Seu ponto de vista

26. M. Merleau-Ponty, op. cit., prefácio, p. III.
27. E. Dardel, op. cit., p. 46.
28. Idem, p. 2.

ENTRE GEOGRAFIA E PAISAGEM, A FENOMENOLOGIA 87

é o da fenomenologia. O espaço geográfico é, de início, um espaço concreto, espaço praticado, vivido e percebido, um espaço da vida (calco esta expressão sobre aquela, especificamente fenomenológica, de "mundo-da-vida"). A realidade geográfica é a dos mundos vividos da humanidade, e o geógrafo, por consequência, deve levar em conta esta realidade para formular seu discurso.

Como se sabe, a perspectiva aqui aberta por Dardel tem ressonâncias certas entre os geógrafos contemporâneos que resistiram ao movimento da disciplina em direção à quantificação e à modelização. A noção de *espaço vivido* e, bem mais amplamente, a de *representação,* conduziram a geografia a uma flexibilização considerável das suas concepções de espaço, e foi preciso que a geografia reconhecesse como legítimas as práticas e as representações cotidianas. A geografia contemporânea teve que reconhecer que as frequentações comuns do espaço põem em ação significações originais irredutíveis à ordem das construções teóricas. O ponto de vista fenomenológico encontrou então um eco epistemológico no próprio domínio da geografia, que contribuiu para renovar, alargar e de fato dar mais complexidade às análises geográficas do espaço.

Seria um engano, no entanto, reduzir – como se fez frequentemente no interior da corrente contemporânea da geografia batizada de "humanista" – este "espaço" do qual a geografia deve tratar a um dado simplesmente subjetivo ou antropológico, ou seja, a uma dimensão relativa ao ponto de vista da representação humana, seja ela individual ou coletiva. O ponto de vista fenomenológico e hermenêutico de Dardel o conduz para além deste humanismo.

Dardel procede diferentemente.

A primeira parte da obra apresenta uma hermenêutica dos diferentes tipos de espaços elementares nos quais se distribui o espaço geográfico: espaço aquático, espaço telúrico, espaço aéreo, espaço construído pelos homens. Mas o que Dardel visa, pela análise destes diferentes "espaços" que são no fundo dimensões de sentidos, é ilustrar a tese fundamental segundo a qual o espaço geográfico é, antes de qualquer outra designação, um espaço *material*:

Em qualquer lugar, o espaço é talhado na matéria ou diluído numa substância móvel e invisível. Ele é a falésia, a escarpa da montanha; ele é a areia da duna ou a erva da savana, o céu morno e esfumaçado das grandes cidades, a grande onda oceânica. Aérea, a matéria ainda é matéria. O espaço "puro" do geógrafo não é o espaço abstrato do geômetra: é o azul do céu, fronteira entre o visível e o invisível; é o vazio do deserto, espaço para a morte; é o espaço congelado da geleira, o espaço tórrido do Turquestão, o espaço lúgubre das landes sob a tempestade. Ainda aqui há algo, uma extensão a atravessar ou a evitar, areia que voa, fornalhas naturais, o vento que uiva. Uma resistência ou uma agressão da Terra. Mesmo o silêncio ou a desolação não deixam de ser uma realidade do espaço geográfico, uma realidade que oprime, que exclui[29].

29. Idem, p. 10.

Todos se lembram das páginas de *Terra dos Homens* nas quais Saint-Exupéry descreve sua experiência da densidade e da materialidade do espaço aéreo. O céu no qual ele voa não é vazio, ele é estruturado por forças, ele apresenta à experiência do aviador zonas de intensidades variáveis, em relação às quais o aviador deverá definir um trajeto que não terá jamais a pureza da linha reta dos geômetras. O céu não é abstrato, ele é um meio de existência. Da mesma maneira, o espaço visado por Dardel (que leu Saint-Exupéry) possui propriedades "materiais" (mesmo que se use esta palavra com prudência). O espaço geográfico possui uma "solidez" que resiste às operações combinatórias do entendimento científico, mas também aos esforços da ação voluntarista. É um relevo, um céu, um modelo, uma cor, um horizonte, que, segundo Dardel, resistem a uma redução subjetiva, que não são construídos pelo homem, que não são queridos por ele, mas que, ao contrário, impõem-se, por assim dizer, a ele na experiência e dão a esta experiência uma tonalidade fundamental. Um relevo não é para Dardel uma simples representação produzida pelo sujeito; é uma forma, e se, na sua potência, esta forma vem animar a vida mental daquele que a visualiza, ela o faz à maneira de um acontecimento ou de um movimento transpassante. Esta realidade geográfica é um evento (Dardel fala, evocando Whitehead, de uma "realidade-evento"), mais do que um "objeto" colocado diante de um "sujeito". É um dado elementar da vida do espírito humano em contato com a Terra. É uma qualidade essencial do lugar em que o homem se encontra, dando à sua experiência do momento uma essência e uma densidade próprias. Este relevo, esta luz, mas também esta construção ou este aglomerado urbano, *impõem* à minha percepção a sua potência e estruturam de modo radical ou elementar não apenas minha experiência, mas também meu pensamento sobre o mundo a partir deste lugar.

O espaço geográfico, do qual não se pode na verdade falar no singular (porque a geografia se depara essencialmente com espaços diferenciados), é a reunião destes dados elementares que revelam aos que os frequentam a presença de significados flutuantes na superfície do mundo e que às vezes se deixam captar. A "consciência geográfica" (segundo expressão de Dardel) se distribui, então, segundo polaridades, qualidades, intensidades, que constituem espacialidades elementares com as quais finalmente o geógrafo de ofício deverá se defrontar.

É possível então abrir para a geografia a perspectiva de uma "analítica" ou de uma hermenêutica dos elementos da superfície da Terra (a água, o ar, a terra, mas também os espaços construídos, segundo Dardel) considerando-os na repercussão de suas significações para o pensamento e a sensibilidade humana.

A Geografia e o Nascimento das Significações

Seria um erro, no entanto, supor que se trata da consciência do geógrafo se deixar captar pelo espírito ou gênio dos lugares. Não se trata de substituir uma concepção subjetivista da significação dos lugares por uma concepção objetivista da verdade dos lugares. Não é nesta direção "pré-moderna" que o projeto fenomenológico nos conduz. Certamente, o projeto de Dardel está próximo daquele desenvolvido por Gaston Bachelard (a quem, aliás, Dardel faz referência várias vezes) nos seus diferentes *devaneios*. Mas ele conduz para além de Bachelard, e mais profundamente ainda, a uma interrogação que está no centro de uma fenomenologia da percepção, uma interrogação que visa o nascimento das significações no próprio âmago do sensível. A geografia fenomenológica não procura revelar aos homens o sentido oculto dos lugares, mas ela procura apreender como, no contato com os lugares, as significações "pegam", como se diz que uma maionese "pega", ou que uma forma nasce de repente, num fenômeno de emergência que é aparição inata de um sentido.

O espaço geográfico é como o prolongamento de uma série de devaneios da matéria, porque a materialidade terrestre não está fechada nela mesma, na indiferença simples de uma pura facticidade, porque ela é fundamentalmente *fisionomia*, porque ela manifesta direções de sentidos numa consistência própria, em suma, porque ela excede sua pura facticidade e se apresenta irredutivelmente carregada de qualidades. Segundo Dardel, certos fenômenos naturais como a água, a sombra das nuvens ou a cor, permitem ao ser humano provar direta e visualmente esta potência de irrealização ou de surrealização que está presente na matéria terrestre. É a água que, pelos reflexos que ela distribui na superfície do mundo, permite à matéria se prolongar além dela mesma em imagens, como se houvesse uma espécie de luxo ou de glória do visível. Ou ainda é a cor, que é uma espécie de "derramamento de realidades para fora delas mesmas", e que revela a natureza das coisas sem a mediação do conhecimento, diz ele. É preciso insistir que a geografia, entendida fenomenologicamente, não está à procura de significações ocultas por *detrás* dos fenômenos terrestres, ela não é tampouco o simples levantamento de significações que o sujeito projeta sobre a Terra, mas ela é uma experiência da vida vivida pelo homem comum no encontro consigo mesmo, no contato com o mundo terrestre na orla, por assim dizer, das formas e dos símbolos que nascem, e este esboço de sentido ressoa em nós como um acontecimento, que é o da nossa presença no mundo. A geografia não nos ensina nada do mundo terrestre se nós não percebermos antes que ele é o *meio* do sentido.

O espaço geográfico é um espaço da vida, mas um espaço pelo qual a vida se expressa, um espaço no interior do qual a vida *desco-*

90 VER A TERRA

bre significações que são indissoluvelmente as suas e lhe concernem, numa interexpressão do subjetivo e do objetivo, que é distintivo da vida real. O espaço geográfico aparece para Dardel "essencialmente qualificado numa situação concreta que afeta o homem"[30]. As significações espaciais mais elementares, tais como a distância, o afastamento, a posição, a direção, dependem menos de escolhas ou representações subjetivas, sendo reveladas ao homem no seu encontro com a Terra num lugar preciso. Os valores de afastamento ou de aproximação, as direções e os movimentos se apresentam à consciência como dados pré-reflexivos com os quais ela tem que se defrontar, e de onde finalmente emerge sua reflexão.

Esta dimensão pré-reflexiva da geografia em Dardel faz do mundo geográfico, antes de tudo, um mundo do sentido, mas também um mundo sensível tal qual Merleau-Ponty, por exemplo, descreveria:

> O sensível me devolve o que eu lhe emprestei, mas foi dele que eu o tomei. Eu que contemplo o azul do céu, não sou diante dele um sujeito acósmico, não o possuo em pensamento, não desenvolvo diante dele uma ideia de azul que me revelará seu segredo, eu me abandono a ele, vou fundo neste mistério, ele "se pensa em mim", eu sou o próprio céu que se concentra, se recolhe e se põe a existir por si, minha consciência é obstruída por este azul ilimitado[31].

A sensação, diz ainda Merleau-Ponty, "crepita através de mim sem que eu seja o autor", o que quer dizer finalmente que toda experiência do mundo começa no meio do mundo, sem visão de sobrevoo, mas numa espécie de afetividade ou de emoção primeva, acrescenta Dardel, que constitui a tonalidade primeira e fundamental da nossa relação com o mundo geográfico. O sentido é de início "empático" (Maldiney), a abertura do mundo sobre a Terra se efetua numa tonalidade afetiva. Habitar a Terra significa que a existência humana é desde sempre submetida a uma provação que é a condição de todo sentido.

Há, então, como que uma geografia primordial, que manifesta a *coexistência* ou a *simpatia* profunda do sujeito e do objeto na experiência que o homem tem da Terra. A geografia fenomenológica de Dardel recusa esta concepção do ser geográfico que faz dele justamente um objeto para um sujeito, que faz dele um espetáculo ou um ser puro. Ser é participar, ser sobre a Terra é *ser nela*, e é esta presença comum da Terra com o homem e do homem com a Terra que constitui o motivo profundo de toda geografia. A geografia como saber deve levar em conta esta comunicação com o mundo, mais antiga que o pensamento, da qual fala a fenomenologia.

30. Idem, p. 12.
31. M. Merleau-Ponty, op. cit., p. 248.

A Geografia como Encontro entre a Existência Humana e a Terra

O espaço ou a realidade geográfica visados por Dardel devem então ser compreendidos como realidades subjacentes a um sujeito capaz de representações. A realidade geográfica é da ordem do pré-reflexivo: ela é da ordem da existência, e, diz Dardel, é porque a existência é "por natureza extensão", é porque ela "procura um horizonte de direções, de existentes para aproximar dela"[32] que a experiência geográfica está profundamente engajada nas experiências existenciais do ser humano, ou, para falar mais diretamente, que a existência humana é, por natureza, geográfica.

Consequentemente, toda indagação radical do saber geográfico deve visar o encontro da existência humana com a Terra, pois a geografia é antes de tudo e primitivamente este encontro, anterior a todo afastamento reflexivo, anterior a toda objetivação científica. A frase evocada um pouco acima é reencontrada aqui: "A ciência geográfica pressupõe que o mundo seja compreendido geograficamente, que o homem se sinta e se saiba ligado à Terra como ser chamado a se realizar em sua condição terrestre"[33].

A realidade geográfica não é inerte e indiferente, como um objeto diante de um sujeito. Ela é a realidade do *Dasein*, ou "realidade humana", uma vez que é com esta expressão que Dardel traduz, com base em Henry Corbin, o termo *Dasein*. Esta realidade me diz respeito, diz Dardel, ela traduz "minha inquietude, minha preocupação, meu interesse, meus projetos, meus laços" e da mesma maneira ela exprime o trabalho dos homens. Realidade da vida "sempre solidária com uma certa tonalidade afetiva", ela não significa, no entanto, a realização de uma geografia patética ou um romantismo da Terra. Ela deve ser entendida como habitat, como circulação de coisas e de homens, como gênero de vida, ou seja, como meio da *práxis* humana. Porque é no interior desta *práxis* que o homem, nos diz Dardel, "exterioriza sua relação fundamental com a Terra"[34].

A Paisagem e a Cultura

A fenomenologia geográfica desenvolvida por Eric Dardel conduz então a uma hermenêutica da existência humana situada sobre a Terra. A concepção da paisagem desenvolvida em *L'Homme et la Terre* é a ilustração exemplar disto. Se de fato a paisagem reúne, como diz Dardel, todos os elementos geográficos (segundo o sentido que concedemos precedentemente à palavra elemento); se a paisagem é, como ele ainda diz, "a face local da Terra com suas distâncias e suas

---

32. E. Dardel, op. cit., p. 17.
33. Idem, p. 46.
34. Idem, p. 47.

direções"; se, mais globalmente, a paisagem diz respeito a uma certa visibilidade da Terra, não é menos verdade, acrescenta ele, que a paisagem não é *primeiro* um *espetáculo*, ela não é "na sua essência, feita para ser olhada"[35].

Entenda-se bem, a paisagem se deixa ver, mas, além do simples pitoresco, na ordem própria da visibilidade que a paisagem oferece, o ser humano, ao situar-se nela visualmente, nela descobre as dimensões do seu ser. A paisagem é ambiente, mas não círculo fechado: ela é desdobramento, ela é fundamentalmente um horizonte que se abre. Na verdade, ela só é geográfica, diz Dardel, "pelos seus prolongamentos, pelo plano de fundo real ou imaginário que o espaço abre além do olhar". Não há paisagem de sobrevoo, para retomar a imagem frequentemente usada por Merleau-Ponty, o que quer dizer que a paisagem exige, para ser, um corpo de carne, um olhar encarnado, um olhar vivo, em outras palavras, um ímpeto, uma intencionalidade presente e que atravessa o espaço que se abre entre o aqui e o distante. Em suma, não há paisagem sem profundidade, uma profundidade que se dá a ver sob a forma de uma presença nos longes, de um ser na distância que significa o espaço da vida. A profundidade da paisagem é a da existência.

Antes então da instituição de qualquer experiência visual, antes de qualquer espetáculo, e dando ao espetáculo sua verdadeira dimensão, a paisagem é *expressão*, e, mais precisamente, expressão da existência. Ela é portadora de um sentido, porque ela é a marca espacial do encontro entre a Terra e o projeto humano. A paisagem é essencialmente mais *mundo* do que *natureza*, ela é o mundo humano, a *cultura* como encontro da liberdade humana com o lugar do seu desenvolvimento: a Terra. Que descobrimos finalmente na contemplação da paisagem? Primeiro descobrimos que não há Terra sem homens que a habitem e contribuam para lhe dar seu sentido de Terra para a existência humana. Em outros termos, a Terra concebida unicamente como planeta não é Terra, mas apenas um corpo indiferente ao mundo das significações e dos valores. A Terra do geógrafo não é um planeta, mas, para retomar a expressão de Husserl, o *solo* da experiência, ou para retomar aquela de Levinas, que Dardel cita, a *base* da existência humana. Ver a Terra *como* Terra e não mais como corpo móvel no espaço, ou seja, sair do acosmismo da ciência galileiana / newtoniana para restituir à Terra o sentido de abertura ou de arco do possível: esta é, sem dúvida, a missão *filosófica* que Dardel atribui à geografia.

Mas sobretudo, simetricamente, nós descobrimos na paisagem que não há humanidade sem Terra, que o humano se realiza como tal na relação com a Terra, na relação com o elemento terrestre de sua condição. A liberdade ser terrena, ou terrestre, quer dizer muitas

35. Idem, p. 44.

ENTRE GEOGRAFIA E PAISAGEM, A FENOMENOLOGIA   93

coisas, e de início que ela não está situada num outro mundo, num atrás do mundo, mas ao contrário, que a liberdade tem uma razão de ser terrena, ela tem um sentido na Terra e não noutro lugar. Ela se dá sobre a Terra. É isto que Dardel tenta resumir ao evocar uma *geograficidade* originária do ser humano, que é, para o espaço, o par daquilo que a noção de *historicidade* representa para a relação do homem com o tempo. Se o destino do homem é realizar-se historicamente, esta realização não pode se efetuar senão sobre a Terra. Historicidade e geograficidade são solidárias na instituição de um mundo propriamente humano.

Terra e Liberdade

Esta relação com a Terra não significa um sombrio e, afinal, insignificante enraizamento num lugar (não é assim que as coisas se apresentam para Dardel). Ela exprime antes a possibilidade de inscrever a liberdade humana em lugares que se tornarão como que sua marca, e da qual a paisagem será a manifestação. Mais ainda, ela significa que a liberdade humana na história só existe se *situada*. Ou ainda, que a história humana é fundamentalmente espacializada. A realidade do *espaço* terrestre não é então aquilo que se opõe à realização da história, ela é, ao contrário, aquilo que lhe dá corpo, a sua condição.

É preciso então poder pensar *junto* o homem e a Terra. Isto quer dizer duas coisas. Por um lado é a recusa em anular a humanidade do ser humano, reduzindo-o a um ser "enraizado" num lugar que seria como que seu lar de origem. Porque a Terra não é o Lugar. O homem ter uma relação com a Terra não significa que ele esteja encerrado num lugar, mas, ao contrário, que a sua liberdade se dá na travessia dos lugares, em direção ao distante. Por este ponto de vista pode-se retomar a crítica de Levinas a Heidegger[36], pode-se recusar, como diz Levinas, esta "eterna sedução do paganismo" na qual se exprimem as "superstições do Lugar". Pode-se recusar esta "infância misteriosamente enovelada no Lugar". Habitar a Terra não é aninhar-se num Lugar, mas habitar um espaço que se abre entre um aqui e um ali, é percorrer este espaço em todos os sentidos. A espacialidade da existência é movimento e não enraizamento. A paisagem não é um lugar fechado em si mesmo, mas é o que abre o olhar para um além, para uma inconclusão que é propriamente abertura do sentido e da história, e não fechamento sobre o gênio de um lugar.

Mas, por outro lado, pensar junto o homem e a Terra é recusar ver o homem como sujeito abstrato e separado de toda condição. Afastamo-nos neste ponto do mesmo Levinas quando ele identifica a *rela-*

---

36. E. Levinas, Heidegger, Gagarine et nous, *Difficile liberté*, Paris: Albin Michel/Le Livre de Poche, 1984, p. 323-333.

ção com o lugar com a *submissão* ao lugar. Relação com a Terra não significa enraizamento num lugar. A geografia mostra justamente o contrário, quando ela mostra que não há lugar senão tratado, interpretado, atravessado por um sentido, ou por um projeto, que impede justamente que este lugar se feche sobre si mesmo numa recusa ilusória da sua própria historicidade. A geografia ou a paisagem não são nada mais do que o mundo das mediações, ou seja, a cultura, no interior das quais a existência humana adquire um sentido concreto.

Assim, pensar junto a Terra e o homem, na perspectiva fenomenológica aberta por Dardel, conduz à afirmação de que toda liberdade do homem conquistada sobre a Terra é, ao mesmo tempo, concessão do homem à Terra, que não há liberdade sem desprendimento nem liberdade real sem aquiescência, aquiescência à finitude do ser-no-mundo.

A geografia, segundo Dardel, não é então primitivamente uma ciência, ela é antes a manifestação de uma realidade, que é a da existência humana que se desenvolve sobre a Terra. Antes de ser representação subjetiva, a geografia é "objetiva", no sentido em que Hegel fala do espírito objetivo. É o que Dardel vai exprimir à sua maneira, dividindo o sentido da palavra "geografia": a geografia é, por um lado, realidade geográfica e, por outro, saber geográfico. Mas o esforço fenomenológico e hermenêutico em geografia será o de manter sua comunicação interior, de preservar esta cumplicidade secreta entre experiência e ciência, sem que ambas percam seu verdadeiro sentido.

É preciso então entender a palavra "geografia" ao pé da letra, como *escritura*. A geografia, por ser a inscrição do humano sobre o solo, é um sistema de sinais cheios de sentido, ou seja, uma escritura a decifrar e cuja significação última remete ao movimento da existência. Consequentemente, se a geografia como realidade é escritura, a geografia como saber deverá ser leitura, decodificação, interpretação dos signos dispostos sobre o solo ou na paisagem. A geografia é uma experiência hermenêutica. Ela se constitui num envolvimento recíproco da escritura e da leitura que é propriamente a experiência da constituição do sentido. Mas esta experiência hermenêutica é a da existência humana situada sobre a Terra, nela construindo inapelavelmente a identidade humana.

Seria necessário então colocar uma última questão: que sentido se deve dar à palavra "Terra" em geografia, na perspectiva fenomenológica e hermenêutica aberta por Dardel?

1) A Terra é *mundo da vida*, que os fenomenologistas chamam de "mundo natural", que é este mundo "sob o céu" da existência humana. Acrescente-se que esta perspectiva não conduz necessariamente à reivindicação do "enraizamento" em lugares privilegiados e cheios de sentido; ao contrário, determinar que a Terra é o mundo da vida é fazer dela um espaço de movimentos e de polaridades, um espaço

ENTRE GEOGRAFIA E PAISAGEM, A FENOMENOLOGIA 95

de abertura à experiência do sentido. Seria necessário, neste ponto, retomar as reflexões desenvolvidas por Jan Patočka[37].

2) A Terra é *paisagem*, mais precisamente ela é *cultura*, expressão do movimento da existência humana na superfície da Terra. Se a paisagem "diz" alguma coisa ao ser humano que a considera, é fundamentalmente porque a paisagem é marcada pela historicidade. E o que ela diz ao ser humano é a contingência da existência e a necessidade da obra e da ação.

3) A Terra é solo ou *base* da existência humana, ou seja, para retomar as palavras de Dardel, aquilo a que o ser humano deve *aquiescer* para realizar sua humanidade. A liberdade humana sobre a Terra não é somente *controle*, ela é também *abandono*, ou melhor, *confiança*. O exercício da liberdade pressupõe uma espécie de confiança preliminar nas possibilidades, isto é, na duração e na permanência, do ser que acolhe o desdobramento desta liberdade. A aquiescência precede ontologicamente a resolução.

4) A estas diferentes determinações Dardel acrescenta, no entanto, uma última, que ele extrai de uma leitura que se poderia dizer "existencialista" do texto de Heidegger intitulado *A Origem da Obra de Arte*. A Terra é fundo escuro, ela é noite, ela é, diz Dardel, aquilo para onde "retorna a obra humana quando, deixada ao abandono, ela volta a ser pedra, madeira e metal". A Terra oferece à existência humana a experiência da sua precariedade, sob a forma de desgaste. Ela significa, para Dardel, a fragilidade essencial do mundo propriamente humano, ou seja, a advertência constante ao homem da historicidade finita do ser humano. Paradoxalmente a Terra, que é ao mesmo tempo de onde o mundo humano surge e que resiste à claridade do mundo, revela ao ser humano uma *responsabilidade*: o ser humano é o guardião do mundo, o guardião do sentido. A geografia, como saber da Terra, pode encontrar aqui seu verdadeiro destino: extrair e preservar o sentido deste universo frágil, sentido sem o qual a Terra não é mais um mundo; preservar as condições, tanto para o pensamento como para a ação, para um habitar humano da Terra.

Finalmente, é talvez dar-lhe uma destinação *ética*, se restituirmos, como o fez há pouco Jean Greisch, à palavra *ethos* seu sentido elementar, que é o domicílio, a residência, a morada. A ética é uma maneira de tornar o mundo habitável. A geografia fenomenológica, segundo Dardel, que se coloca na perspectiva desta "habitabilidade" do mundo, contribui para esta destinação ética do agir humano sobre a Terra.

---

37. J. Patočka. *Le Monde naturel et le mouvement de l'existence humaine*, Dordrecht: Kluwer Academic Publishers, s.d.

6. Nas Dobras do Mundo. Paisagem e Filosofia segundo Péguy

A natureza é um grande ser inocente[1].

CHARLES PÉGUY

Péguy nos transmite uma concepção da filosofia como ação no universo pensante.

A filosofia não é contemplação desvinculada do mundo, ela não é, num primeiro momento, reflexão sobre os princípios ou sobre formas de verificação. Ela é, de imediato, profundamente engajada, como consciência criadora, no mundo e nas suas rugosidades. Feita de olhares e apalpamentos, de bruscos aclaramentos e de reflexões inquietas, ela nasce na dobra das coisas, sem visão de sobrevoo, mas tomando decisões e operando rupturas. Exercício precisamente ambulatório, pioneiro, batalhador, a filosofia segundo Péguy é antes de tudo uma experiência arrojada, que restitui a solidez e a profundidade das coisas.

Segundo Péguy, não é retirando-se desinteressadamente nas alturas que o filósofo se relaciona com a paisagem, mas antes mergulhando no meio de tudo. O mundo e o espírito se apresentam ao olhar não como um panorama, mas como uma sucessão de posições que se deve tomar, ganhar ou perder. O pensamento é uma arte do olhar e uma arte do movimento. Uma manobra precisa e rápida que permite ao filósofo,

---

1. C. Péguy, *Note conjointe sur M. Descartes et la philosofie cartésienne, Ouevres completes en prose* 1909-1914, Paris: Gallimard, Bibliothèque de la Pleiade, 1957, p. 1456.

segundo Péguy, discernir o ponto sensível, e para ali se conduzir rapidamente, para ali instalar seu "ponto de vista" sobre as coisas, ou seja, a origem e o potencial de seu pensamento e de sua palavra.

Sobre Bergson:

> Imediatamente ele viu onde se situava este platô de Pratzen. Imediatamente ele viu onde estava a chave desta posição, a posição desta longa batalha. Imediatamente ele viu que esta imensa batalha estava armada em torno de um único mecanismo e que bastava desmontar um determinado mecanismo para desencadear esta imensa batalha [...]. Ocupar imediatamente um determinado centro de combate, um determinado segredo, uma determinada chave, uma determinada posição secreta; e depois não se deixar desalojar dali, não deslizar sob nenhum pretexto[2].

Há uma "manobra bergsoniana", assim como houve uma "manobra napoleônica" em Austerlitz. A inteligência do olhar e a rapidez da marcha, e a resolução de não retroceder, definem, para Péguy, no pensamento e na ação, a arte da boa postura. Assim, dizer que é preciso tomar uma posição, é dizer conjuntamente duas coisas: que um lugar do mundo ou do espírito deve ser conquistado numa espécie de luta, e que uma atitude deve ser adotada. A filosofia é menos uma produção regrada de significações no cálculo das razões do que uma resolução que ocorre no lugar do sentido, ou antes, um ir direto ao ponto onde o sentido ocorre. Experiência espiritual supremamente tática do bom posicionamento, que consiste em se aproximar das zonas sensíveis. Pensar é saber onde pensar.

É preciso encontrar o ponto sensível. Péguy preserva na palavra "sensível" a ambiguidade que lhe dá profundidade. O ponto sensível é, de início, o ponto que incita ao sentido, pois há pontos no mundo nos quais se cristaliza a significação das coisas. Mas o ponto sensível é, sobretudo, o lugar da sensibilidade atingida, o ponto que "pega", o ponto "contundido", que "dói", que "arrebata". Esta recuperação da significação e da sensibilidade é talvez o segredo do pensamento de Péguy. Há zonas sensíveis que é preciso saber achar, chegar nelas, se aproximar, saber tocar, ou antes, saber ser tocado, influenciado, animado por elas, para estar em condições de pensar, de falar e de escrever. Porque o pensamento começará sempre por um grito, de fraqueza ou de enlevo.

Mas é preciso reter o seguinte: este grito é uma ruptura. O ponto sensível atingido e conquistado é como a fratura ou a brecha (as palavras são de Péguy), por onde a ordem estabelecida das coisas escapa, é recolocada em movimento, é propriamente reanimada. O ponto sensível é o ponto de ruptura e de liberação dos mecanismos e das instituições de toda ordem.

2. Idem, p. 1459.

NAS DOBRAS DO MUNDO. PAISAGEM E FILOSOFIA SEGUNDO PÉGUY   99

Mas qual é este ponto tão exatamente visado por Bergson? A resposta é de Péguy: "Ele entendeu que era preciso se instalar imediatamente no próprio coração e no segredo do presente; que ali estavam o segredo e a chave. E não se deixar desalojar dali por nenhum preço"[3].

Sabe-se que há em Péguy uma meditação constante sobre o ser do tempo. Mas esta meditação é também uma reivindicação, uma advertência. Ela se concentra no presente, ela quer reconhecer nele "um determinado ser próprio"[4].

O presente deve ser compreendido de dois modos pelo filósofo: certamente como tema ou objeto de reflexão, mas, sobretudo, como estilo de pensamento e de ação. Vimos que é preciso ir prontamente à posição, que o presente precisa ser apreendido no instante. Movimento de velocidade infinita, que talvez não passe de um outro modo de dizer transformação. A relação com o presente é o grande divisor, tanto na ordem teórica como na ordem das atitudes morais. Ou melhor, seria preciso dizer que o presente é, para cada um, uma experiência espiritual e que a qualidade desta experiência vai repercutir no teor (mas também no tom) de nossas representações.

Porque, no fundo, não se trata de somente pensar o presente. Citando Bergson, Péguy lembra que a relação teórica com o tempo o transforma em espaço congelado e o faz desaparecer como duração viva. O presente vivo, que é o ponto de sensibilidade do mundo, não é o presente tal qual ele é representado, não é o presente do registro ou da história. Este é o presente da retrospecção, o presente morto, fechado à irrupção de toda novidade que faz justamente o ser próprio do tempo. "O presente não é o que está numa delgada camada histórica. É o que não é de forma alguma histórico"[5]. O ser do presente-presente não tem medida em comum com o ser do presente-passado.

O tempo de Péguy é um tempo rompido. É uma sequência de seres – o passado, o presente, o futuro –, na realidade, uma sequência de presentes. É uma sequência de eventos sem conclusão, uma sucessão de atualidades sem projeto de atualização. É o tempo do impulso, da criação, é o tempo dos começos.

Avancemos. "Acompanhemos aqueles que caminham"[6].

Bergson teve a clarividência de redirecionar, literalmente, o olhar, do passado para o futuro. Ele viu "que o presente não era o limite extremo do passado em direção ao novo, mas o limite extremo do futuro em direção à presença. Um homem viu que hoje não é o dia seguinte a ontem, mas, ao contrário, a véspera de amanhã"[7]. O presente é um

3. Idem, ibidem.
4. Idem, p. 1460.
5. Idem, p. 1432.
6. C. Péguy, *Note sur M. Bergson et la philosofie bergsonienne*, em *Oeuvres completes en prose 1909-1914*, op. cit., p. 1280.
7. C. Péguy, *Note conjointe...*, op. cit., p. 1459.

VER A TERRA

ponto de vida, é aquele ponto de fecundidade de onde "partem todos os caminhos"[8]. Ele é o vazio de possibilidades que se abrem. Ele é a "contramorte".

Tornar-se sensível ao presente é apreender nele a atualidade das possibilidades que se anunciam.

Montemos um horizonte: "Sabe-se que era vetado aos judeus prever o futuro [...]. Mas para os judeus o futuro não se tornou por isso homogêneo e vazio. Porque nele cada segundo era a porta estreita pela qual podia passar o Messias"[9].

Há uma topologia do presente. O evento é uma espécie de paisagem não homogênea: nele se encontra "aquilo a que, em acústica, se dá o nome de ventres e nós, cheios e vazios, um ritmo, talvez uma regulação, tensões e distensões, períodos e épocas, eixos de vibração, pontos de subversão, pontos de crise, planuras monótonas e, de repente, pontos de suspensão"[10].

Simetricamente, Péguy nos fornece uma concepção kairológica[11] da paisagem. A verdade da paisagem, caso exista, não se dá num "altar" ou numa vista congelada. A paisagem também não é acumulação de memórias, depósito de signos, patrimônio constituído, nostalgicamente consultável. Ela é evento, ela é passagem, incompleta, da vida. Do mesmo modo que o presente é esta atualidade inegociável, esta infatigável urgência de possibilidades que não se pode adiar sem perdê-las, a paisagem se desvenda para aquele que olha para frente, ela é o ponto a partir do qual se acolhe ou se recusa o que vem adiante. Paisagem-evento, ela se abre a partir do ponto sensível do presente, na confluência exata de uma duração pessoal de tempo e do aparecer das coisas neste instante. Mais ainda, toda paisagem apresenta uma espécie de velocidade própria, que corresponde à forma do encontro entre o que chega e a sensibilidade que para ali se transporta. A paisagem descoberta por Péguy encerra inteiramente, neste movimento dividido e instável, o movimento da articulação (cuja possibilidade precisa sempre ser confirmada) entre a vida pessoal e a exterioridade que se adianta e se anuncia. As paisagens são pontos de passagem, múltiplos e repetidos, do presente das possibilidades que se apresentam numa vida no mundo, e que exigem uma decisão.

A alma morta é a alma completa, "inteiramente invadida pelo completo, inteiramente ocupada, inteiramente consagrada ao comple-

---

8. Idem, p. 1448. Ou ainda, o que diz Péguy em *Victor-Marie, comte Hugo*: "Vivo no tremor de escrever (...). Parece que nunca disse nada".

9. W. Benjamin, Thèses sur la philosofie de l'histoire, *Poésie et revolution*, tradução de M. de Gandillac, Paris: Denoël, 1971, p. 288.

10. C. Péguy, *Clio, Oeuvres completes em prose 1909-1914*, op. cit., p. 298.

11. Do grego *kairós* (kairos): oportunidade, ocasião, tempo conveniente / vantagem, utilidade / tempo presente, conforme *Dicionário Grego-Português e Português-Grego*, Isidro Pereira, S. J., Porto: Livraria Apostoldada Imprensa, 1969. (N. da T.)

NAS DOBRAS DO MUNDO. PAISAGEM E FILOSOFIA SEGUNDO PÉGUY   101

to, inteiramente consumida, por assim dizer, pela invasão do completo"[12]. A alma morta é uma alma plena, repleta como um recipiente cheio de matéria. Tal qual madeira morta, não se encontra mais ali "um átomo de lugar" para o "se fazendo", a novidade, a vida. Não se pode mais mexer nela, é uma alma sem flexibilidade, ela se tornou rígida, não se pode mais voltar a ela. Mas, observemos bem isto, a invasão pelas coisas significa uma alma consumida. Este empanturrar é um devorar: "(...) a flexibilidade foi comida"[13]. O endurecimento da alma é um consumo de liberdade, um devorar de lugar vazio. O possível é comido pelo cheio, pelas coisas, pela memória, pela estupidez da matéria. Contrariamente, tornar-se sensível à "força do presente" (Nietzsche) é recuperar a infância dos possíveis e a infatigável liberdade do inconcluso, ou seja, o impulso dos inícios.

Novamente a carta e o horizonte. Kierkegaard:

> A condição de nossa saúde é crer que em qualquer lugar e a qualquer hora há um começo absoluto [...]. É esta intensidade infinita na antecipação da fé que tem a coragem de ousar crer nisto, de ousar metamorfosear o passado em esquecimento absoluto... e crer a partir de então num começo absoluto[14].

Na porta desta infância está Descartes. Ou melhor, a grandeza de Descartes, como filósofo, foi ter partido deste pórtico matinal.

Péguy, como se sabe, resume Descartes num acontecimento de cinco linhas: o método. Mas, num gesto imperativo que vai lhe permitir dar o sentido da palavra acontecimento na ordem da vida filosofante, ele "rebate" a terceira parte do *Discurso do Método* sobre a segunda, as máximas da moral provisória sobre as regras do método. O método se torna uma "moral mental", a moral um método de pensamento, ou, mais precisamente, um "princípio anterior" para a condução de todo pensamento. "No fundo, a grande máxima de seu método é a de ser o mais firme e resoluto possível em seus pensamentos"[15].

Descartes tomou duas decisões: no pensamento, para a ordem, e na ação, para a resolução. Mas Descartes tem um segredo. Se Descartes pode ser resumido em algumas linhas de método, o método também se resume numa palavra: a resolução. "É a determinação, a certeza, a resolução que vence. Sua resolução não é menos mental que moral. Ela não é menos de conduta mental que de conduta moral. Ela não tende menos para uma do que para outra"[16].

12. C. Péguy, *Note conjointe...*, op. cit., p. 1346.
13. Idem, ibidem.
14. S. Kierkegaard, *Papirer*, X 2 A 371, tradução francesa, *Journal**** (extraits), Paris: Ferlov et Gateau, Gallimard, 1955, p. 313-314 (tradução modificada).
15. C. Péguy, *Note sur M. Bergson...*, op. cit., p. 1280.
16. Idem, p. 1280-1281.

102 VER A TERRA

Seria então necessário antes dizer que Descartes tomou uma decisão, que esta decisão é o ponto de origem de todo Descartes, e que ela permite a Péguy, seguindo Descartes, dar ao pensamento o teor de um ato e, à ação, o valor de uma proposição. "E talvez sua maior invenção e seu maior golpe de gênio e de força tenha sido o de haver conduzido seu pensamento deliberadamente como uma ação"[17].

Mas o segredo do segredo é o provisório, que é o lugar e o elemento de toda ação.

A ideia que nos vem [...], do progresso e da explicação das ciências concretas, químicas, e, sobretudo, naturais, da investigação e da verificação e das próprias ciências históricas, da ação, da vida e da realidade, é a ideia [...] que a natureza e a humanidade [...] têm recursos infinitos [...]; que há imensamente muito a fazer e mais imensamente ainda a conhecer; que tudo é imenso, exceto o saber; sobretudo que tudo se pode esperar; que tudo chega; que basta ter um bom estômago; que estamos diante de um espetáculo imenso do qual não conhecemos mais do que efêmeros incidentes; que este espetáculo pode nos reservar todas as surpresas [...]; que o mundo tem o remédio; que não adianta usarmos de astúcia [...]; que não temos senão que trabalhar modestamente; que é preciso olhar bem; que é preciso agir bem; e não acreditar que surpreenderemos ou que deteremos o grande acontecimento[18].

Todo pensamento se lança de um vale do mundo e se esforça por manter sua linha ou sua rota. Descartes está, como todo mundo, bem no meio da floresta, num ponto qualquer do mundo. Não confundir cartesianismo com Descartes, o sistema decorrente dos pensamentos, e o indivíduo que procura se orientar. Não há visão de sobrevoo, síntese abrangente, somente localidades a percorrer, problemas de orientação, partidas e chegadas, indicações a seguir.

Não há nada para trás. Não há também distâncias livres, talvez apenas apelos que soam. Deve-se pensar na floresta, pensar sobre a proximidade das coisas que se apresentam no "agora" de todo caminhar real. "Descartes é um homem que, na segunda parte do *Discurso do Método*, não quer que se avance a não ser passo a passo"[19]. A paisagem está no caminho adiante.

A grandeza de Descartes é, então, a de haver literalmente liberado a dimensão do pensar como tal, ou seja, como ato do pensamento que avança no mundo e se atesta a si próprio como evento. Descartes, por um gesto de existência, revelou que todo pensamento se resume na iniciativa de pensar. Mas, simetricamente, para Péguy, será preciso ser bergsoniano para perceber que a grandeza é de pensar e querer a iniciativa. Bergson, que dá a fórmula filosófica do ato de Descartes, permite, assim, não somente apreender a iniciativa do pensamento, mas, antes, pensar a iniciativa e o evento do pensamento.

17. Idem, p. 1280.
18. C. Péguy, *Zangwill, Oeuvres completes en prose*, Paris: éd. Burac, Gallimard, Bibliothèque de la Plêiade, 1987, p. 1446-1447.
19. C. Péguy, *Note sur M. Bergson...*, op. cit., p. 1279.

NAS DOBRAS DO MUNDO. PAISAGEM E FILOSOFIA SEGUNDO PÉGUY 103

Porque pensar é fazer chegar alguma coisa. Pensar é um ato instaurador: introduzir seres novos no mundo, propor um ponto de origem onde não havia nada, onde não havia outra coisa. É preciso captar Descartes e todo criador autêntico em seu início, em seu primeiro jato, na fundação não organizada de um gesto adolescente. Monet confirma:

Eu lhes digo: a primeira vez será a melhor, porque ela é a menos habituada; o primeiro nenúfar será o melhor porque ele é o próprio nascimento e a aurora da obra; porque ele encerra o máximo de ignorância, o máximo de inocência e de frescor; como em todas as coisas, aliás, o primeiro nenúfar é o melhor porque ele sabe menos, porque ele não sabe[20].

Filosofar é uma experiência que é conduzida, mas sem registro, sem ordem, ou sem salvaguardas. Pensamento desconcertante que se vive no exterior, no constante experimentar o que está além, no constante acolhimento do outro, encontro fulminante com o que vem em nossa direção: o vivo.

Manter-se no limiar, constantemente, recomeçar dali. O pensamento de Péguy mantém-se no limite do mundo, na sua superfície de contato, ele não se instala. Toda paisagem é uma zona de contato onde se dá, numa velocidade infinita, o cruzamento do mundo e da consciência. A paisagem e o pensamento têm este tipo de graça.

Certamente, a filosofia é biografia. A experiência filosófica é constantemente confirmada pelo encontro do tempo da alma e do tempo do mundo, pela tentativa infatigável de inserir o tempo do mundo num projeto de existência. Péguy indica bem exatamente onde esta integração se efetua: no presente vivo da ação que se apropria de um instante qualquer, constituindo-o em acontecimento instaurador.

Mas nesta procura do que é peculiar a um pensamento, se levará em conta esta desproporção entre o sujeito e o acontecimento que passa nele e por ele. Trata-se aqui de uma biografia sem conclusão, não sem começo, mas sem fim determinável. Permanecemos sempre no seu nascimento, sem poder levar o discurso para além do ponto de origem.

Toda origem é pobre. Ponto de uma "pobre incerteza", diz Péguy. É a "pobre inquietude da fonte". A paisagem para Péguy é a experiência desta precariedade. Esta paisagem não é moderna, e não tem repouso. Os modernos, diz Péguy, "perdem constantemente de vista esta precariedade que é para o cristão a condição mais profunda do homem; eles perdem de vista esta profunda miséria; e que é preciso sempre recomeçar"[21].

A experiência filosófica, ou espiritual, mais alta resume-se totalmente na assunção do elemento provisório no qual todo pensamento tem

20. C. Péguy, *Véronique, Oeuvres completes en prose 1909-1914*, op. cit., p. 320.
21. C. Péguy, *Note conjointe...*, op. cit., p. 1468.

104 VER A TERRA

lugar. Esta experiência deve se apoderar de sua precariedade própria, e reconhecer-se como acontecimento. É isto o que Bergson permite:

> Quando ele nos coloca de novo exatamente no presente, quando ele nos remete justamente a este ponto, nem um pouco adiante, nem um pouco atrás, quando ele se reintercala assim no coração e no segredo do debate, quando ele nos reinstala nesta situação, nesta posição do presente, M. Bérgson, nisto, e só por isto, nos reintroduz numa situação e numa posição cristã [...], ele nos faz reencontrar literalmente o ponto de cristandade, o ponto de vista, o ponto de vida e o ponto de ser do cristão. Porque ele nos recoloca na precariedade, e no transitório, e neste despojamento que é a própria condição do homem[22].

Tal experiência espiritual tem um sentido topológico e um sentido moral. É uma questão de posição a ser encontrada e mantida, como já vimos. Para ter acesso a este pensamento na fragilidade do ser-presente, é preciso estar no bom lugar, definir uma proximidade boa e uma distância boa. Tanto pelo conhecimento como pelo respeito.

Péguy oferece assim a contrapartida do dispositivo moderno da percepção paisagística. Como já se disse, o ponto de vista não só não é estável, como também não se trata para ele de se instalar numa altura para apreender num golpe de vista a totalidade dos aspectos de um lugar, graças ao distanciamento do ponto de vista e à vista desobstruída que a distância permite. Sabe-se que a sensibilidade paisagística moderna serviu-se, sob a forma estética, dos valores teóricos e éticos que se associavam anteriormente à contemplação da ordem do mundo[23]. Subir ao alto e se apoderar do mundo à distância, ter acesso assim a uma forma da verdade: este desejo de conhecimento e de paz reconquistada está sempre se manifestando no fundo da paisagem moderna e a anima secretamente. O prazer do olhar que domina as distâncias procura ser experimentado, ao mesmo tempo, como o retorno à unidade do eu, num acordo sublime do mundo e da alma.

Mas existem realmente estas paisagens onde nos sentimos, como Goethe na Itália, "enfim em casa"? Onde fica esta morada que todos procuram e que vaga em algum lugar entre aqui e ali, na distância?

O próprio Petrarca admite sua confusão:

vagueio e pareço um viajante sem rumo. Quando me canso da aspereza de um lugar vou para outro, que não será mais suave mas que, por ser novo, ao menos suavizará o rigor. Eis como me agito, mesmo sem ignorar que não há aqui embaixo nenhum lugar de repouso[24]...

---

22. Idem, p. 1463-1464.

23. Cf. J. Ritter, Landschaft. Zur Funktion des Ästhetischen in der modernen Gesellschaft, *Subjektivität*, Frankfurt: Suhrkamp Verlag, 1980 (segunda edição).

24. Petrarca, Lettre à Andrea Dandolo, doge de Venise, pour lui exposer la cause de sés déplacements continuels, *Lettres familières*, xv, 4 (tradução de C. Carraud, *Conférence*, op. cit., p. 472).

NAS DOBRAS DO MUNDO. PAISAGEM E FILOSOFIA SEGUNDO PÉGUY   105

Ah! Que venha este cansaço da busca, sempre frustrada, do cume mais alto e do bom ponto de vista! Desistamos da procura do Lugar e caminhemos.

Para ter acesso à dimensão verdadeira das coisas, ou seja, ao seu valor absoluto, é preciso chegar mais perto delas, o mais próximo. Mais ainda: é preciso permanecer embaixo. Encontra-se em Péguy esta decisão a favor do baixo, do humilde, do húmus, da terra, que ensinam o olhar a surpreender o acontecimento, ou seja, o nascimento do ser, por assim dizer "a contrapelo", ou pelo avesso. O melhor ponto de vista para o mundo é o ponto de vista de baixo, e que sobe para as coisas, apoderando-se assim do impulso do ser. Visto de cima, o mundo é plano. É por baixo que é preciso começar, é ali que é preciso ficar, ou retornar, para se lançar. Revelação da fraqueza como aquilo que suporta o mundo. "Nós somos os vencidos". Não é pelo olhar do sábio que se atinge a paisagem que Péguy visa. Localidade e humildade mais do que sabedoria e generalidade.

Esta exigência de proximidade com as coisas é a consequência de uma teoria que vê uma graça na experiência. Não se trata da experiência da graça. Melhor dizer assim: toda experiência é irrupção de um acontecimento na ordem da natureza. O que se chama de "natureza" na metafísica moderna, que modela uma física mecanicista, deve ser antes entendido, a partir da metafísica orgânica de Bergson, como um nascimento da graça e da liberdade da vida. Toda experiência é este tipo de graça pela qual o real vem diante de nós. "O espírito vem de um lado. O objeto vem de outro, e ao seu encontro"[25].

E talvez o próprio Descartes não tivesse deduzido nada nem encontrado terra, água, ar e fogo, céus e tantas outras coisas, se a experiência não tivesse vindo ao seu encontro para estabelecer este tipo de contato, que lhe deu o sentido primeiro de sua situação e de sua empreitada e se revelou a ele em seu próprio acontecer.

Para pensar, é preciso então manter-se próximo às coisas, na sua zona de contato. Mas é preciso poder, inversamente, deixar-se tocar, deixar-se atingir pelo mundo que vem. Pensar é poder tornar-se sensível.

Assim como é preciso que a experiência venha ao encontro da razão, também é preciso, por um movimento perfeitamente comparável e perfeitamente paralelo, que a liberdade venha ao encontro da graça. O homem é também esta cidade sitiada [...]. A graça é também esta armada real que vem em seu socorro. Mas é preciso também que a liberdade do homem ache uma saída e que ela vá ao encontro desta armada de socorro [...]. Se o lugar não for socorrido ele se perde. Mas se ele não se socorre a si próprio por esta saída, ele se perde [...]. Se uma das armadas não encontra a outra que vinha ao seu encontro, esta também não encontra aquela. Quando há falta, ela é dupla[26].

25. C. Péguy, *Note sur M. Bergson...*, op. cit., p. 1274.
26. Idem, p. 1274-1275.

106 VER A TERRA

A experiência como graça reside inteiramente nesta possibilidade de se deixar afetar pelo que chega, no encontro e no abarcamento daquilo que parte de nós e daquilo que vem em direção a nós. No acontecimento dotado de graça não se distingue interior e exterior. A experiência é, ao mesmo tempo, inserção súbita no grande acontecimento do mundo e descoberta da presença deste acontecimento em nós.

A proximidade aumenta e resulta em humildade. O pensamento tornado sensível é levado ao despojamento, ao desnudamento, a este tipo de pobreza de espírito que restitui efetivamente à coisa experimentada sua dimensão absoluta e sua atualidade. O pensamento, para Péguy, deve ir em direção ao silêncio interior, em direção à remoção de toda inscrição precedente, pois só isso torna possível a eclosão do significado do acontecimento. A própria escrita precede todo movimento de linguagem. Ela é um antigo ofício, uma arte das mãos e um tocar escrupuloso das palavras. Um tato não glorioso, ou seja, uma probidade, e uma devoção.

Trata-se de ser fiel à infância, ao pobre, ao silencioso que se mantém no umbral da porta. Trata-se de ser sensível ao caráter insuportável do mundo. Trata-se de viver acompanhado do sentimento de miséria insustentável.

Esta fidelidade não obriga a nenhum endurecimento. O endurecimento é o contrário da graça, é o hábito adquirido, é criar crosta ("nunca há metáforas"[27]), é o sistema de amortecimentos sucessivos destinados a tornar a vida negociável, é esta espessura de pele que se torna progressivamente rígida, matéria dura como um couro sobre o qual a experiência desliza sem sensibilizar. Há dois tipos de paciência. Esta, que acabamos de ver, é uma paciência anestésica, que por meio de um endurecimento obstinado tenta evitar o ferimento. Este tipo de paciência é para Péguy uma "abdicação"[28]. Ele opõe a ela a paciência devota e soberana da resistência, a paciência que assume a carga da precariedade. Resistir não é endurecer, "é perceber o que é rudemente duro"[29], e suportá-lo ainda assim.

O mártir na arena não é aquele que não tinha membros. É aquele que os tinha e que resistiu a que lhe fossem arrancados. E para nós, que não temos para dar, ou melhor, para que nos sejam levados, senão dias miseráveis, resistir não é não ter estes dias miseráveis, é resistir que mesmo eles nos sejam arrancados[30].

Dar testemunho de uma existência no inevitável tempo, ou antes, sem nunca poder dizer "haverá bastante tempo": talvez se encontre aqui o princípio de uma ética da ação. A ação é esta urgência do hoje

27. C. Péguy, *Note conjointe...*, op. cit., p. 1344.
28. Idem, p. 1317.
29. Idem, p. 1318.
30. Idem, ibidem.

NAS DOBRAS DO MUNDO. PAISAGEM E FILOSOFIA SEGUNDO PÉGUY 107

que não pode ser adiada. Mas a exigência de Péguy é mais exata ainda, e no fundo mais completa, e considera não somente o hoje, mas a natureza da sua relação com o amanhã. Veja-se, por exemplo, esta máxima: "não deixe para amanhã o que pode ser feito hoje". Por um descuido indesculpável poderíamos nos deixar seduzir por esta aparente sabedoria. No entanto, a cólera sem tréguas de Péguy denuncia esta falsa vigilância em relação ao presente. Porque, no emprego do tempo, é uma moral de caixa econômica. É fazer uma poupança de tempo!

A economia de tempo é também perigosa, e tão fraudulenta como a economia de dinheiro. Ela é também naturalmente e profundamente infecunda. Ela é também naturalmente e profundamente inexata. Adiantar-se, atrasar-se, que inexatidões! Chegar na hora é a única exatidão[31].

A justeza do agir no tempo se coloca de uma outra maneira: "A cada dia basta sua pena". A ação exata diante do presente não faz economia, ela não se realiza no horizonte de um amanhã qualquer, feliz ou infelizmente antecipado. Não é preciso pensar no amanhã, não é preciso se livrar tão rápido do presente de hoje. "Se a cada dia basta sua pena, por que viver hoje a pena de amanhã, por que assumir hoje o trabalho de amanhã, por que assumir hoje a astúcia de amanhã?"[32]

A própria escrita empenha sua responsabilidade e sua fidelidade em relação ao ponto do presente.

Tome-se como exemplo fazer uma revista. Produzir "quinzenalmente"[33]. O presente da ação exata é o presente obscuro do labor e da obstinação, o presente silencioso da tarefa do dia. Trata-se de fazer o melhor possível.

Nós vamos adiante, as mãos no bolso,
Sem nenhum equipamento, sem tranqueiras, sem discursos,
Sempre no mesmo passo, sem pressa nem apelos,
Dos campos mais presentes para os campos mais contíguos

Vocês nos veem andar, nós somos os andarilhos.
Nós só avançamos passo a passo[34].

A paisagem aberta em Péguy é a de uma promessa em relação ao presente.

Nem o lugar comum cronológico nem o pensamento causal conseguirão esvaziar a liberdade infinita que se efetua entre a promessa e o cumprimento desta promessa. "A promessa não é apenas uma cau-

31. Idem, p. 1435.
32. Idem, ibidem.
33. Faz-se referência aqui aos *Cahiers de la quinzaine*, de que Péguy foi fundador (N. da T.).
34. C. Péguy, *Présentation de la Beauce à Notre-Dame de Chartres, Oeuvres completes, édition de Paris 1917-1955*, Paris: Gallimard, NRF, t. VI, p. 361.

108 VER A TERRA

sa e o cumprimento não é um efeito. [...] A ligação da promessa ao cumprimento é [...] uma ligação específica, própria"[35]. A promessa é um específico e o cumprimento é também um específico. São seres resistentes pela sua própria natureza à integração numa série, seja ela lógica, física ou moral. Puros seres singulares, eles dão a medida exata do que pode ser um autêntico pensamento do acontecimento, como presente soberano e como liberdade.

A paisagem, esta paragem de ordem biográfica e de ordem ontológica, dá-lhe a experiência, local e instantânea, e totalmente provisória.

> – Parece, no entanto, não haver dúvida que o Pequeno Polegar andava pelos bosques e que ele não seguia nenhuma rota.
> – Então[36]...

---

35. C. Péguy, *Note conjointe...*, op. cit., p. 1425.
36. Idem, p. 1486.

COLEÇÃO ESTUDOS
(últimos lançamentos)

338. *Arqueologia da Política*, Paulo Butti de Lima

339. *Campo Feito de Sonhos*, Sônia Machado de Azevedo

340. *A Presença de Duns Escoto no Pensamento de Edith Stein: A Questão da Individualidade*, Francesco Alfieri

341. *Os Miseráveis Entram em Cena: Brasil, 1950-1970*, Marina de Oliveira

342. *Antígona, Intriga e Enigma*, Kathrin H. Rosenfield

343. *Teatro: A Redescoberta do Estilo e Outros Escritos*, Michel Saint-Denis

344. *Isto Não É um Ator*, Melissa Ferreira

345. *Música Errante,* Rogério Costa

346. *O Terceiro Tempo do Trauma*, Eugênio Canesin Dal Molin

347. *Machado e Shakespeare: Intertextualidade*, Adriana da Costa Teles

348. *A Poética do Drama Moderno*, Jean-Pierre Sarrazac

349. *A Escola Francesa de Goegrafia*, Vincent Beurdoulay

350. *Educação, uma Herança Sem Testamento*, José Sérgio Fonseca de Carvalho

351. *Autoescrituras Performativas*, Janaina Fontes Leite

353. *As Paixões na Narrativa*, Hermes Leal

354. *A Disposição Para o Assombro*, Leopold Nosek

Este livro foi impresso na cidade de Cotia,
nas oficinas da Meta Brasil,
para a Editora Perspectiva.